回歸後香港的獨特政治形態

一個自由威權政體的特殊個案

劉兆佳 著

商務印書館

回歸後香港的獨特政治形態
——一個自由威權政體的特殊個案

作　　　者：劉兆佳

責任編輯：黃振威

封面設計：楊啟業

出　　　版：商務印書館 (香港) 有限公司
　　　　　　香港筲箕灣耀興道 3 號東滙廣場 8 樓
　　　　　　http://www.commercialpress.com.hk

發　　　行：香港聯合書刊物流有限公司
　　　　　　香港新界大埔汀麗路 36 號中華商務印刷大廈 3 字樓

印　　　刷：美雅印刷製本有限公司
　　　　　　九龍觀塘榮業街 6 號海濱工業大廈 4 樓 A

版　　　次：2017 年 5 月第 1 版第 1 次印刷
　　　　　　© 2017 商務印書館 (香港) 有限公司
　　　　　　ISBN 978 962 07 6600 8
　　　　　　Printed in Hong Kong

謹以此書
獻給親愛的妻子麗梅和兒子本用

目　錄

序

　　我自 2012 年離開香港特區政府中央政策組後，在沒有事前計劃下先後撰寫了四本書，分別是《回歸十五年以來香港特區管治及新政權建設》(2012)、《回歸後的香港政治》(2013)、《香港的獨特民主路》(2014) 和《"一國兩制"在香港的實踐》(2015)。這四本書圍繞着回歸後香港的政治狀況和變遷展開論述和分析，其中一個重要的論點是香港的政治形態甚為獨特，甚至可以說獨一無二，因此不適宜機械式地套用西方政治理論來理解和解釋，而必須實事求是地從它自身的歷史背景和內外環境來考察和解說。

　　我在這四本書和其他文章中，對不少回歸後香港的比較突出的政治現象進行探討和分析，例如："行政主導名實不符"、"沒有執政黨的政黨政治"、"政治對立與分化"、"政治和政策共識的剝落"、"中產階層政治分化和激化"等。不過，對於那些政治現象之間的有機聯繫和相互影響，並且它們如何合起來構成一幅香港的獨特政治形態的圖景，卻仍然沒有進行過全面性和理論性的梳理和分析。換句話說，回歸後香港呈現的比較突出的政治現象，並非是孤立和偶然存在的；相反，它們是香港獨特的政治結構和環境的衍生品。要更好的認識回歸後香港面對的各樣政治和管治問題，必須從整體和宏觀的角度分析香港的獨特政治形態。

這本名為《回歸後香港的獨特政治形態：一個自由威權政體的特殊個案》的小書就是朝這方面努力的初步成果，目的是要剖析回歸後香港的獨特政治形態、組成這個政治形態的各種突出政治現象、形成這個政治形態的因素，和改變這個政治形態的可能性。這些突出政治現象對不少人來說並不陌生，針對個別現象的研究和討論也不少。因此，撰寫本書的主要目標並非要挖掘一些不為人知，但卻非常重要的政治現象。反之，本書的主旨是透過理論探討、綜合論述和比較分析，試圖尋找那些突出政治現象之間的有機聯繫。

在理論探討方面，本書從 " 混合政體 "（"hybrid regime"）的理論視角研究香港的政治形態。香港的 " 自由威權政治體制 "（liberal authoritarian regime）可歸類為混合政體的一種類型，但卻又與其他的混合政體有顯著的分別。對香港的自由威權政體的研究，可以借助其他學者對混合政體研究的成果和心得，但同時香港的獨特例子又反過來可以加深我們對混合政體的認識，並豐富與混合政體有關的政治學理論。

在綜合論述方面，本書旨在剖析那些突出政治現象之間的相互關係，明確指出它們的共同根源，從而更好地了解個別突出現象的成因和意義。由於個別突出現象的出現，並非偶然，因此對它們進行孤立或單獨研究不能讓我們對它們有深度的認識，也難以找到有效處理或應對它們的辦法。

在比較分析方面，由於香港的自由威權政體頗為獨特，把它與任何一個混合政體進行詳細比較，殊非易事。事實上，應該用甚麼標準在眾多的混合政體中選出一個與香港比較，本身已是頗費周章的事。因此，在論述和分析香港的自由威權政體時，我會不時因應實際需要，援引一些其他國家的政治現象作為參考材料，藉以加強對香港的一些政治現象的了解。畢竟，任何一個香港的突出政治現象在其他地方也可以找到。香港的混合政體之所以如此獨特，在於它是一系列政治現象的獨特組合，以及它們之間存在着獨特的關係。

本書是我在 2012 年離開香港特區政府中央政策組後完成的第五本著作。在某種意義上，本書可以算是以前四本書為基礎的"整合性"總結之作。完成本書之後，我會暫時擱置著書的工作，轉以撰寫學術文章發表研究成果和心得。在過去幾年的研究和寫作生涯中，香港中文大學社會學系和香港亞太研究所為我提供了很多支持和幫助，在此謹表謝忱。在與其他學者和朋友的交談切磋中，我獲益良多。在此我特別提出幾位的名字，他（她）們是金耀基、李沛良、李明堃、黃紹倫、尹寶珊、鄭宏泰、孫文彬、王淑英、淩友詩、強世功、趙永佳、曹二寶。

我在本書中提出香港的獨特政治形態的突出現象之一是它的"動態政治僵局"(dynamic political stalemate)。作為熱愛香港的人，我熱切期望這個"動態政治僵局"能夠早日找到出路，讓香港能夠回到一個較為和諧、穩定和愉快的局面。

劉兆佳
2017 年於香港

第一章　混合政治體制的興起

　　上世紀七十年代初，西班牙和葡萄牙發生了民主革命，開啟了所謂"第三波"的民主化浪潮 (Huntington, 1991)。這個浪潮席捲全球，南歐、拉丁美洲和亞洲不少國家紛紛目睹各種威權政權的倒台和民主改革的興起。這個浪潮在九十年代初，隨着東歐巨變和蘇聯解體而達到高峰。[1] 到了今天，可以説全球大部分國家都擁有某種形式的"民主政體"，反而"非民主政體"變成少數。西方人士相信，全世界走向民主化和與其成為"孿生兄弟"的資本主義市場經濟，代表人類歷史發展的盡頭，與基本人性相契合，所以今後再不會有更好的社會體制。所有國家，不論其歷史文化背景為何，最終都要以西方民主政治為歸宿（Fukuyama, 1992）。可惜的是，西方的"勝利主義"（triumphalism）為時短暫。根據過去十年左右不同國家的政治發展顯示，西方人士過去對西方民主政體的"普世性"和無堅不摧能力的信念開始慢慢動搖。一方面，雖然尚未有民主政體倒退為非民主政體的事例，然而民主政體的數目卻沒有顯著增長，反而部分民主國家出現民主素質倒退的情況，一些西方學

1　　部分學者將東歐變天和蘇聯解體理解為"第四波"民主浪潮。

者甚至斷言民主政治在全世界正走向衰落（Kurlantzick, 2013; Diamond & Plattner, 2015）。另一方面，一些被西方人士鄙視的獨裁和專制的威權政體（authoritarian regimes）卻在經濟或/和國力發展上取得驕人的成績，在國際社會的影響力不斷攀升，在國內獲得人民相當的信任和支持，而且在國際上甚至與西方國家爭奪政治意識形態的話語權。他們尤其忌憚中國、俄羅斯、伊朗和沙地阿拉伯等國家（Diamond, Plattner & Walker, 2016）。

為數不少的混合政體的冒起

更讓西方人士困惑不安的，是大批擁有"混合政體"(hybrid regimes) 的國家的冒起，部分國家甚至自詡為民主政體，但卻往往在"民主"名詞之旁加上形容詞，以突顯它們與西方民主的差異，同時也質疑西方民主的優越性 (Zakaria, 2003; Ottaway, 2003; Collier & Levitsky, 1997)。混合政體的興起，其實是原來的獨裁和專制政體的管治精英通過思想調整和制度調適，力求在全球民主化大氣候和國內人民民主訴求上漲的氛圍下，保存執政地位和自身利益的結果。這些管治精英知道只有引進若干民主改革來回應人民的訴求才能保住自己的執政權力，但同時又不能推行過猛的民主改革而因此失去政權。所以，在不得不主動引進一些西方民主的成分，特別是設置立法機關、舉行各項人民可以自由投票的選舉和容許某種程度的新聞自由和個人自由之同時，繼續保留和捍衛相當多的威權成分。

　　所謂混合政體，是指那些同時具備民主政體（比如選舉）和威權政體（比如鎮壓手段的廣泛利用）特徵的政治體制 (Hale, 2011)。廣義的説，混合政體其實早在十九世紀的法國第二帝國和德國第二帝國已經出現，只是其 "民主" 成分比較少而已（Hanson, 2010）。當今的混合政體的例子包括 "選舉型威權政體" (electoral authoritarianism)、"競爭性威權政體"（competitive authoritarianism）、"不自由民主政體" (illiberal democracy)、"威權式民主政體"（authoritarian democracy）、"主權民主政體"（sovereign democracy）、"軍人主導民主政體"（military-dominated democracy）、"原始型民主"（protodemocracy）、"不尋常民主政體" (uncommon democracy)、"新父權民主政體"（neopatrimonial democracy）等等。值得注意的是，混合政體通常也不推崇西方的資本主義市場經濟，往往奉行 "國家資本主義" 路線 (Bremmer, 2010;Kurlantzick, 2016; Blackwill & Harris, 2016)。最讓西方人忧惕不安的，是無論是頗為成功的威權政體或混合政體，在西方國家的硬實力和軟實力同時下滑的情況下，都對西方在國際社會中的主導地位構成威脅，並逐步蠶食西方的利益。更甚者，由於一些威權政體和混合政體已經存在了一段日子，在可預見的將來還會繼續存在，因此，那些政體對西方的威脅可能是長期性的。這便更讓西方人士寢食難安。

　　混合政體在冷戰結束後大量出現，原因甚為複雜。按照韋 (Way) 的理解，主要原因是因為純粹的威權政體在新的因素的束縛下難以獨善其身，必須作出一些改革和調適，以圖生存。

那些因素包括：其一，共產主義的崩潰和冷戰的結束使得獨裁統治無以為繼；其二，在 1989 年之後，非洲、中美洲和東歐的獨裁者無法取得來自外部的重要支持；其三，新的資訊科技迅速發展；其四，關注人權的國際組織和其他非政府組織的湧現；其五，監察和監督各地選舉的組織的大量出現；其六，在九十年代初西方的自由民主觀在世界上成為主流價值，部分人甚至美稱之為“普世價值”；其七，歐盟和美國要求接受其援助或有意加入其主導的國際組織的國家推行民主改革。因此，要在冷戰結束後維持完全的威權政治和經濟成本越來越高。為了避免被國際社會孤立，不少原來的威權政體遂引入一些民主改革（Way, 2015:6）。

混合政體的出現，為西方政治理論帶來了巨大的衝擊，也推動了大量針對混合政體的學術研究。西方政治學過去一直將現代國家的政治體制歸類為民主政體和非民主政體，而非民主政體當中主要分為“極權主義”（totalitarianism）和“威權主義”（authoritarianism）政體 (Linz, 2000; Huntington & Moore, 1970)。混合政體的出現之所以為西方政治理論帶來困擾，原因是混合政體是一種過去罕見的矛盾結合體 (oxymoron)，是兩種難以相容的政治元素結合在一起的政治體制。西方學者不排除這兩種政治元素可以在一段不長的時間內並存，但卻不相信它們可以長期並存。他們認為混合政體應該是一種短暫的“過渡性現象”，最後它要不倒退為獨裁和專制政體，要不進步為全面民主政體。美國政治學大師亨廷頓（Huntington）相信“自由威權主義並非是一個穩定均衡狀態；一個只完成了一半的房子難以不倒塌。"（Huntington, 1991:137）而謝德勒（Schedler）則斷言："鑑於它們在制度上的不協調性,自由化的威權政體注定要失敗。當威權政權內的溫和派開始引進自由化的措施後,接下來的各種政治抗爭行動便會迫使當權者進行鎮壓或推行更大膽的民主改革。"（Schedler, 2013:145）

然而,事實證明,混合政體不一定是過渡和短暫的政體。假如管治精英能夠以高超的政治手腕處理好混合政體的內部結構性矛盾的話,它們可以擁有頑強的生命力。不過,混合政體在運作過程中往往產生出人意表的結果。比如,管治精英中心存不滿者也可以通過發動群眾奪取政權。2005 年在中亞國家吉爾吉斯坦出現的"鬱金香革命"便是一例（Radnitz, 2010）。

不少混合政體畢竟已經存在了頗長時間,而新的混合政體又不時出現,因此西方學者也不敢完全抹殺這樣的一個可能性,即混合政體、民主政體和威權政體日後在世界上鼎足而三,彼此在意識形態領域進行劇烈競爭。部分混合政體得到人民相當的支持,其認受性甚至不亞於西方民主政體。羅斯（Rose）等學者在比較人民對不同政體的信任度後有這樣的觀察："西方的決策者總是相信所有人都只會支持那種與他們相像的政治體制。然而,一個享有高度合法性的政權不必是民主政權。人民可以因為不同理由而支持一個非民主政權。舉例說,一個神權政權可以獲得人民的擁戴,如果他們認為它宣揚的宗教價值是正確的。若果人民擁護民族自決的話,他們會擁戴一個在國內壓迫少數民族的政權。"（Rose, 2011:12）他們又說："一個事實是,非民主政體和民主政體所得到的人民的

支持相差無幾，說明在爭取人民支持上民主制度並非必要或充分的條件。"（Rose, 2011:26）

在西方政治學中被定義為混合政體的政體彼此之間其實差異不少，加上混合政體的研究現時雖屬"顯學"，但卻仍是誕生時間不長的"新學"，概念和理論的進展還未成熟，學者之間的爭議不少，所以究竟混合政體共同擁有的特徵為何，現在尚乏共識。比方說，部分政治學者認為俄羅斯和伊朗應歸類為混合政體而非威權政體，而日本和新加坡雖舉行有實質意義的選舉，但仍應被視為混合政體。惟其如此，我在下面臚列的混合政體的主要特徵只屬一己之見而已。

政治不確定性

混合政體的最重要甚至是關鍵的特徵是管治精英永遠面對政治不確定性，缺乏長期執政的把握，因此懷有強烈的危機感和憂患感。大部分混合政體的政治形態和運作的特徵都與政治不確定性有密切關係。不確定性來自三方面，一方面是管治精英會否在選舉中落敗而丟失政權，二方面是執政集團內的精英會否內訌分裂，當權派因此而被非當權派奪取執政地位和權力，三方面是會否因為人民起義或造反而迫使當權者倒台。

甘地 (Gandhi) 這樣描述混合政體的管治精英的憂慮和苦惱："獨裁者面對兩個管治上的基本問題。第一，作為一位缺乏人民選舉而被授予認受性的統治者，他們必須防範任何意在削弱他們的認受性和奪取他們的權力的圖謀。換句話說，他們必須打敗所有對他們的統治的挑戰。第二，專制者必須取得被他們統治的人的合作。換句話說，專制者必須 [從人民那兒] 獲得服從和合作。"（Gandhi, 2008: xvii-xviii）

由於有選舉的關係，威權政體的走向"永遠"帶有不確定性。任何結果都可以發生，包括保持穩定、走向倒退或進一步民主化。"威權政體下的多黨選舉可以為長期的獨霸性政黨統治奠定基礎，比如在革命後的墨西哥和斯特羅斯內爾（Stroessner）統治下的巴拉圭。它也會帶來以選舉為催化劑的穩步民主化，比如在 1990 年代的塞內加爾和台灣。它更會因為'選舉革命'而觸發威權政體的突然崩塌，比如在 1986 年的菲律賓和 2000 年的塞爾比亞。它也會讓威權政體進一步倒退，比如 2000 年後的俄羅斯和津巴布韋。與民主政體不一樣，威權政體下的選舉可以因軍方的介入而導致選舉政治的結束，比如在 1993 年的阿塞拜疆和 1999 年的象牙海岸。"(Schedler, 2013:143)

混合政體中的管治精英既然沒有徹底辦法讓他們得以"永久"保有政權，在不安全感驅使下，他們必然用盡一切辦法，保衛他們的執政地位和眾多利益，特別是應對反對勢力的威脅。

不公平的選舉制度和程式

在混合政體內，選舉制度擔當一些對管治精英維持其執政地位有利的政治功能。正如馬加朗尼 (Magaloni) 所言："第一，專制政體下的選舉為統治集團內的政客設計一套正規化的權力分享的機制。這個機制讓專制政體得以迫使政客們為執政黨服務並以執政黨的生存為自己的既得利益。第二，選舉乃執政集團用以傳遞政權無比強大的信息，藉以減少執政黨內潛在的分裂的可能性。讓那些有不滿的黨內政客知道他們只有通過執政黨才有成功的機會，背離執政黨只會帶來失敗。第三，選舉結果讓當權者知道他們的支持者和反對者在哪些地方。第四，選舉可以為反對派設置陷阱，讓他們投資在現有的專制制度上而不是用暴力來挑戰現政權。選舉遊戲的性質使得一些反對派人士覺得擔當‘忠誠的反對派’對自己更有利，其他人要反叛的話則隨他們的便。通過有選擇性收買反對派政客，專制政體得以阻止反對派連成一線對付現政權。”(2006:8-10)[2]

選舉制度和選舉程式並不公平。選舉制度固然對當權者有利，而對反對勢力不利。再者，選舉程式中又存在不少不恰當和不合法的情況，比如賄選、在票箱動手腳、在點票過程中作弊等。謝德勒 (Schedler) 對“選舉型威權政體”舉行的選舉有這樣的描述：“選舉型威權政體 (electoral authoritarianism) 定時舉行行政和立法機關的選舉，並引入多黨競爭的政治遊戲。不過，它們卻肆意違反那些自由與民主的原則，例如自由選舉和公平選舉。因此，選舉並非是民主的工具，反而是威權統治的手段。”（Schedler, 2006:3）他進一步說明：“威權式操控選舉的手段以各種偽裝出現，但目標不外乎是要減少選舉結果的

2　馬加朗尼口中的“專制政體”其實就是“混合政體”。

不確定性。統治者會設計出歧視性的選舉規則，防止反對黨進入選舉過程，侵犯他們的政治權利和公民自由，限制他們使用媒體和阻撓他們籌措競選經費，對他們的支持者強加正式和非正式的投票關卡，迫使或誘使他們的支持者背棄反對勢力，或者乾脆用欺詐手段重新分配選票和議席或官職。"（Schedler, 2006:3）可以說，在混合政體中，無論是選舉制度或選舉程序，都談不上"公開、公平、公正"。

受限制的自由和人權

與獨裁或專制政體相比，混合政體的人民享有的自由和人權多得多，起碼國家憲法為他們提供不錯的自由和人權的保障。然而，事實上混合政體為人民提供的人權和自由既不多，又受到限制，主要反映在一些方面。比如說，集體的利益和安全往往置於個人的自由和人權至上，個人的人權和自由不能侵犯或危害國家的獨立、安全和利益，而後者的定義又往往頗為寬鬆和模糊，而只有當權者才有權作出"權威性"的定義。

以新加坡為例，儘管新加坡的法治在世界上享有不錯的聲譽，但一般的看法是新加坡實施的其實是"以法律進行管治"（rule by law），而"以法管治"的最高目標是國家的團結、民族的和諧、國家的發展和政府的強勢管治。"以法律進行管治"顯然與西方揭櫫的、以保衛人權和自由為主要目標的"法治"（rule of law）有所不同。雷傑（Rajah）對新加坡的"以法治國"的實踐有批判性的論述："新加坡政府既不接受自由主義傳統對政府權力的制約，又不承認個人權利不容侵犯。"(2012:9)"由於國家機器佔領了公共空間，它的法治理念通過三個步驟影響法律的應用。第一，國家機器的法治理念借助立法而得以制度化。第二，那些法治理念在公共空間被不斷重複陳述而得以正常化。最後，當國家機器的帶有意識形態內涵的法治理念被法院接納後，它們便獲得更大的認受性並被賦予'中立'和'淺顯'的'真理'的外貌。"(Rajah, 2012:12-13)"在新加坡的國家說法中，歷史、繁榮、'種族'和'法律'攪在一起，新加坡政府藉此聲稱，第一，新加坡是一個依照'英國'傳統實施'法治'的國家，和第二，為了'國家'利益，新加坡必須在一些方面偏離'英式法治'。新加坡政權以'國家脆弱'(national vulnerability) 為具說服力的藉口來解釋為何'法律'需要改造。"(Rajah, 2012:21) 在"國家脆弱"的前提下，新加坡的法治有另外兩個特徵。"第一，'法律例外主義'(legal exceptionalism)（以國家安全為理由，廢除司法覆核和讓權力集中在行政機關)。第二，'法治的雙重性'(dual state legality)。'法治的雙重性'體現在兩個方面：在商業法律領域實行崇尚自由的'西方'法律，但對公民和政治人權則加以壓抑。"(Rajah，2012：137)"由於新加坡沒有經歷反殖獨立運動，所以，在英國殖民統治時期，'以法律為管治手段'(rule by law) 的做法沒有被打破，而以維護人權為鵠的的'法治'(rule of law) 意識則沒有出現。事實上，'依法管治'的傳統 [在新加坡] 比'法治'意識更根深蒂固。這個傳統讓新加坡政府得以有效宣揚'依法管治'思想。"(Rajah, 2012:52)

其實，在眾多的混合政體中，新加坡對人權和自由的保障已經算是較佳的國家，因為它的法律制度具有較高的清晰度、穩定性和可預測性，政府在執行法律的時候比較嚴謹，不會隨意而為。很多混合政體對新聞自由、表達自由、集會結社等自由的箝制更為嚴苛與廣泛。管治精英經常漠視法律的規定和肆意侵犯人權和自由。在自由和人權保障不足的情況下，反對勢力的活動和發展空間無可避免受到壓縮，難以對管治精英構成嚴重威脅。

司法獨立程度有限

人權和自由在混合政體中之所以不足，其中一個重要原因是缺乏一個比較獨立的司法機關。此中的原因很多，包括管治精英在司法人員的任命和辭退上有極大的權力、憲法沒有成立獨立的司法機關、法官有很大的誘因受賄而不公正、司法機關的權責受到限制等。在混合政體中，法官往往實施自我約束。"威權體制下的法官非常瞭解他們在政治體制的司法機關內並不安全、他們相對於行政機關力量薄弱、及觸犯政權核心所涉及的個人和社會的風險。"（Ginsburg & Moustafa, 2008:14）在分割的司法體系中，法院的權責受到制約，而在部分混合政體中，司法體系的確存在分割的情況。"在一個理想型的統一司法體制中，法院的各級法官對所有的訴訟都有司法管轄權。相反，在分割的司法體系內，一個或多個特殊法院與一般的法院同時並存，各司其職。"（Ginsburg & Moustafa, 2008:17）此外，"基本上，與普通法系相比，大陸法系給予法官較少的空間去制定'由法官訂立的法律'（judge-made law）。即使兩個法系都容許司法覆核，大陸法的法官比普通法的法官要受到更多的掣肘。"（Ginsburg & Moustafa, 2008:19）

混合政體更可以對司法覆核程序施加諸多限制 (Ginsburg & Moustafa, 2008:19)，例如新加坡便沒有讓人民可以通過司法覆核來挑戰政府的政策和決定的權利。混合政體內的公民社會薄弱，不能成為司法獨立的後盾。"關鍵是那些人權鼓吹者有沒有強大的組織能力和不斷提出訴訟的資源。司法相對於行政之所以處於弱勢，是因為社會上沒有強大的公民社會。"（Ginsburg & Moustafa, 2008:20）在司法獨立程度偏低的情況下，反對勢力難以依靠司法體系來有效對付管治精英。

立法機關權力有限

混合政體內一般都有立法機關的設置，但往往權責有限，每年開會的時間短促，議員容易受到管治精英的威逼利誘，而許多立法議員又往往屬於當權者的陣營，所以難以發揮主動立法和制衡管治精英的功能。總的來說，管治精英通常不喜歡一個獨立於自己，甚至在某些情況下與自己競爭民意和挑戰自己的立法機關。但在全球性的民主化潮流下，加上國內人民存在不可忽視的民主訴求和國內反對力量的壓力，享有若干權責和獨立性的立法機關的設置便不能避免。不過，與此同時，立法機關的設置在延續混合政體上也有一些作用。正如

甘地 (Gandhi) 所言:"立法機關和政黨擔當政治平台的功能。當權者和反對派都可以借助這個平台宣示他們的政治主張和達成協議。對那些潛在的反對勢力而言,議會和政黨為他們提供一條制度化的管道,通過這個管道他們可以對決策制定過程發揮影響,那怕只是局限在有限的政策領域之內。"(Gandhi, 2008:xviii)

反對勢力的威脅

在混合政體中,儘管反對派的政治活動空間受到壓縮,但仍有一定的空間讓反對勢力宣揚自己的政治主張,通過選舉在議會中取得少量議席,從司法機關和民眾同情中獲得一些"保護",爭取國際社會特別是西方國家的支持,及策動各種針對管治精英抗爭行動。由於混合政體中的民主成分讓反對派對奪取政權仍存有一絲絲的憧憬和盼望,所以反對派一般傾向參與混合政體內的選舉並借助選舉來謀取利益和壯大實力。在管治精英眼中,反對勢力始終是一種揮之不去、"芒刺在背"的政治威脅,也是管治精英面對的政治不確定性的根源。當然,在最佳情況下,反對派可以被管治精英徹底"馴服"並成為混合政權的"裝飾品"。埃及乃一生動的例子,在穆巴拉克執政時期,該國的部分反對派頗為安於現狀。"對很多人來說,反對派更像死狗而非烈士。經過一段時間後,他們已被訓練成現有體制的一部分並接受了自己的角色。反對派人士耗費更多精力進行內鬥而非挑戰當權者。在大部分情況下,他們爭奪穆巴拉

克扔給他們的殘羹剩飯（少量議會議席），然後便躲在角落裏
竊喜或抽泣。大部分的反對派人士早已墮入一種舒適的改造狀
態之中。"(Dobson, 2012:134) 不過，埃及這種例子畢竟很少。

政治意識形態的構建

　　當權者積極建構支撐其管治合法化的政治理念，並擁有相
當的政治話語權。當權者通過政治主張的倡議，以民族和國家
根本利益的代表自居，強化政權與主流宗教的密切聯繫，[3] 塑造
出一套對自己有利的意識形態或政治主張，誇大外來威脅的嚴
重性，和把反對派打成為異端、逆流或外部勢力的"走狗"。
在一些"不尋常的民主政體"（"uncommon democracies"）中，
一黨長期獨大，所有反對勢力都成功被邊緣化。"獨大的政黨
除了利用長期執政之機來為自己獲取各種好處外，長期執政更
讓它們得以重塑或改造它們的國家的形態，包括代表國家的象
徵與符號、國家的價值觀和人民對國家的期望等，從而改變那
些國家的政治氛圍。國家形態經過重新塑造後，該國的政治環
境變得對執政黨更為有利。"（Pempel, 1990:336）

　　以俄羅斯為例，管治精英主導的意識形態的中心概念是
俄國的主權受到西方國家執意在俄國煽動革命和施加"外來統
治"的威脅。"防禦性反革命"的設計師提出"主權"概念作
為普京總統的管治依據。"主權民主"（sovereign democracy）遂

3　美國的政治體制不是混合政體，但有趣的是美國的商界精英也要把基督教教義"改
　　造"為崇奉資本主義自由經濟的"教義"（Kruse, 2015）。

成為管治精英新的"陳腔濫調"。這個概念一方面用以印證政治秩序的"民主性"，又被用以阻止那些獨立反對勢力通過參加選舉去競逐官職。[4]

對國家和公共資源的控制

很多混合政體的管治精英在其所屬國家的經濟和社會事務上參與程度頗高，並主導那些國家的發展。"一黨獨大背後的政治經濟因素是一個龐大卻又為執政黨所操縱的公營部門 (public sector)。"（Greene, 2007:5）事實上，"獨大的政黨的興衰，取決於國家機器對經濟體系的控制。"（Greene，2007:33）

混合政體的管治精英可以有效地運用和分配龐大的國家和公共資源來在物質和地位方面酬庸支持者，讓他們死心塌地為政權效忠（Bueno de Mesquita et al., 2003; Bueno de Mesquita & Smith, 2011）。他們也藉着向人民提供大量的服務、福利和補貼來收買人心，至少減少人民對政治和社會不公的不滿。如果那些國家擁有豐富的自然資源的話，則混合政權更無須依靠稅收和收費來充實國庫，大大減少它們對人民的在財政上依賴，從而能夠更好的掌控政治權力和保障政權的安全。中東的產油國家的管治精英之所以能夠長期執政，與他們擁有豐厚的石油收益有莫大關係 (Ross, 2013)。[5] 除了石油和其他自然資源外，

4　見 Ostrovsky, 2015:304-327; Taylor, 2011:109。

5　在產油國家。"出售石油所帶來的豐厚收入讓威權政府更容易平息異議。這便解釋了為什麼那麼多產油國並不是民主國家。那些依靠稅收的政府較容易受到人民的約束。如果它們得到石油的資助，它們便無需承受公眾的壓力。"（Ross, 2013:5-6）

混合政權也往往控有大批的國營企業和掌控大量的經濟活動，對人民的生存和發展的機會有極大的影響。從另一個角度看，如果混合政權擁有龐大的經濟和社會資源的話，則反對政權的人便要承受更大的風險。"如果政府的決定對大部分民眾的生活、事業和商機有莫大關係的話，則從事反對[當權者的]活動便是高風險行為。如果政府有龐大權力去懲罰那些從事政治活動的商人的話，則反對黨、獨立媒體和其他的公民組織便難以有可靠管道籌措資金。"(Levitsky & Way, 2010:66-67)

國家機器為政權服務

在那些成熟的民主政體，行政機關的主幹一般由"政治中立"的公務員擔當，而嚴格的招聘程式、"用人唯賢"的考核標準和終身聘用制等又是公務員體制的主要特點。國家是公務員的最終效忠對象而非"一時一刻"的管治精英。與此同時，管治精英不能按照其主觀喜好或政治需要來晉黜公務員。換句話說，公務員的職位不能用來酬庸政權的支持者，更不會為管治精英的政治利益服務。然而，在混合政體中，一般而言現代化的公務員制度並未確立，行政機關內不少職位按政治準則分配，而"公務員"或行政人員又經常為管治精英"鞍前馬後"效勞。在一些尚未具備強大執政黨的混合政體，政府部門甚至成為管治精英的"政黨代替品"，代替政黨做一些原本應該由政黨做的事，甚至做一些連政黨也不方便或不敢做的事。"在秘魯和烏克蘭，情報部門通過監視、敲詐和行賄在維繫精英團結上擔當重要角色。在另外一些國家，政府部門有如政黨般成為政治動員的工具。烏克蘭的政府部門策動公共機構的教師和醫生參與競選活動。在秘魯和塞爾維亞，軍人、警員和其他安全部門的人員被利用來從事競選活動。當權者的組織性權力在國家機器和執政黨都一起強大時達到了巔峰。"（Levitsky & Way, 2010:68）

執政黨或管治聯盟的必要性

所有研究混合政體的學者都一致斷言執政黨或強大的管治聯盟對維繫混合政權的必要性和關鍵性。有些學者甚至認為國家機器和執政黨／管治聯盟乃混合政權的兩大支柱。"維持現代的威權主義是複雜和代價高昂的工作。它（通過收買、恐嚇或鎮壓手段）要求勸退那些眾多的政權挑戰者，也要求維持政權內的有力人士對政權的效忠和合作。這些挑戰在競爭性威權政體中尤其嚴重，原因是管治精英必須應對那些在完全封閉的政體中並不存在或者只是表面上存在的各種各樣的勢力（政黨、媒體、法官、非政府組織）和鬥爭場合（選舉、立法機關、法院）。除了極為傳統的社會外，這些應對工作涉及到有組織的手段的運用，以取得協調、監視和執行的效果。其中國家機器和政黨乃最重要的有組織的手段。有效的國家機器和政黨組織可以強化當權者防止精英背叛的能力、收買或壓制對手、解除或鎮壓抗爭行為及贏取（或竊取）選舉。如果國家機器和執政黨強大，則獨裁者就算面對強橫反對派的挑戰仍可屹立不倒。如果它們羸弱的話，則相對薄弱的反對勢力亦可以扳倒在位者。"（Levitsky & Way, 2010:56）學者們認為，與國家機器相比，執政黨的重要性可能更大。

執政黨或強大的管治聯盟之所以重要，是因為它能夠為混合政權減少甚至掃除政權生存所面對的不確定性，強化其戰鬥力、生命力和壽命。執政黨或管治聯盟如果能夠有效和巧妙動員、運用和分配各種政治、意識形態和物質資源的話，則混合政權便可以達到以下的戰略目標：在選舉中發揮主導作用，包括制定對自己有利的遊戲規則和大力動員選民，確保當權者和其政治盟友得以在選舉中得勝；通過贏取立法機關的大多數議席來控制立法機關的運作；通過民意的發動對那個本來已經不太獨立的司法機關施加政治壓力，迫使法院在審判過程中不會違逆政權的意旨；在社會上扶持和成立眾多民間組織來抗衡和壓倒反對勢力在社會上的影響，並與那個相對獨立的"公民社會"對壘；憑藉賞罰手段團結黨內或聯盟內的政治精英，促使他們長期對執政黨或管治聯盟效忠和嚴格遵守紀律，減少心懷不滿的政治精英叛變的機會；建立有效的執政黨或管治聯盟的人才招募與培訓、領導更替、任務分工和矛盾處理的機制，保證執政黨或管治聯盟的長遠穩定和發展。

"與國家機器一樣，強大政黨是威權管治的重要支柱。執政黨具有管控精英衝突的功能，主要通過安排和分配各種好處來達致。作為一個制度化的機制，執政黨讓統治者得以獎賞效忠者和確保黨員對統治者的長期承擔，因為他們會希望將來獲得晉升的機會。如此的話，統治者便可以取得精英的合作和防

止他們變節。"（Levitsky & Way, 2010:61）

　　強大執政黨又可以控制立法機關。立法議員為了贏得選舉，會願意投靠強大的執政黨。為了取得執政黨的獎賞，立法議員會願意聽命於執政黨。"假如政府沒有執政黨的支撐，立法議員會容易拉幫結派，而且更容易發生叛變和分裂。如果執政黨的結構不完整，領導人的繼承過程會極為痛苦。有條件角逐的人才會減少，內部衝突的機率會上升，而執政黨在選舉中的前景也變得不明朗。"(Levitsky & Way, 2010:63-64)

　　在眾多的混合政體中，曾經在墨西哥長期執政的墨西哥革命制度黨（PRI）可謂是發展得比較全面和有效的政治機器(Greene, 2007)。按照馬加朗尼（Magaloni）的描述："革命制度黨 (PRI) 本質上是一份政治精英相互勾結的協議，在這份協議下，管治精英進行政治分肥，並防止任何一個人獨佔贓物。為了讓這個協議能有效執行，歷屆總統選舉必須準確按時舉行，每位總統在位六年後便要離職，讓其他有志者有機會上位。"（Magaloni, 2006:8）

　　對於那些能夠成功在精英和群眾層面都能發揮政治動員效能的執政黨，或者說那些能夠連接精英政治舞台和群眾政治舞台的執政黨，斯沃力克 (Svolik) 的看法是，"成功的威權政黨在群眾和精英層面都可以有效地拉攏人們給予它支持。這類政黨通常有三個組織上的特點。第一，從上而下地分配服務和好處。第二，官職和議席經由政治操控。第三，有選擇性地招募支持者和壓制反對者。威權政黨並非是政治交易的平台，更好的理解應該是：它成為了一種鼓勵黨員和支持者對其進行長期政治投資的誘因。這三個特徵有效利用黨員的投機心態和政治野心,讓社會上那些能幹和認同政黨主張的人願意死心塌地為威權政權的延續而努力。"(Svolik, 2012:163)簡言之,執政黨實行以政黨為基礎的拉攏策略,對政黨有貢獻的黨員給予更多的回報,從而愈成功的黨員的政治命運,愈與政黨的命運掛鈎。成功的拉攏策略不但讓精英可以受益,也讓普羅大眾受益,因為那些職位不但在政治架構之內,也包括散佈於社會和經濟領域的大量職位。

不是所有的混合政體都擁有強勢的執政黨或管治聯盟,但某種執政黨或管治聯盟一定存在,而且不可或缺。政治精英要組成強大、團結和長遠的執政黨或管治聯盟其實並不容易,因為這涉及到眾多有關組織形式、領導機制、人員構成、資源取得、利益分配、政治妥協、職能分工、群眾動員、政綱設計和策略制定等複雜問題。事實上,歷史上出現強勢的執政黨或管治聯盟的例子並不多,可以想像其建立和維繫的難度。概括言之,建立強勢的執政黨或管治聯盟亟需堅定的政治意志和決心,而強烈的政治與個人危機感則是最重要的推動力。在比較了新加坡、馬來西亞、印度尼西亞、泰國、菲律賓、越南(南越)和緬甸的歷史經驗後,斯萊特(Slater)有這樣的觀察:"如果精英不集體行動起來,威權體制便難以有效運作。具體來說,當眾多方面的精英感到他們的財產、特權和人身安全在多元化的政治體制下會遇到連綿不斷的政治鬥爭所威脅時,他們便會團結起來並達成保衛自身利益的協議,共同支持強化國家機器的力量和加強政治控制來平息群眾的暴亂。"(Slater,

2010:4-5）馬來亞、新加坡、印度尼西亞是成功建立強勢執政黨或管治聯盟的典型例子。這些國家的"保守"或"反動"政治精英都因為政權遇到嚴峻威脅和國家爆發內戰危機時，才在迫不得已的情況下團結起來保衛自身的利益。在這裏值得一提的是，雖然日本不是一般理解的混合政體，但日本在二次大戰戰敗後因為美國在日本推行西式民主化而導致左翼勢力（社會黨和共產黨）抬頭，對原來的政治精英和工商財團構成嚴重威脅，原來的政治精英才願意在財團的推動下聯合起來，把自由黨和民主黨合併為自由民主黨，並因此得以重新和長期執掌政權。在日本的"一黨獨大"的政治體制下，自由民主黨賴以壟斷執政地位和排斥反對勢力的手法其實與混合政權的做法不相伯仲，尤其是在黨內進行利益分沾和因應各種社會群體的訴求而分發利益，當然它與混合政體的最大的分別，是鎮壓手段在日本並不重要而已（Calder, 1988; Ramseyer & Rosenbluth, 1993; Schlesinger, 1999; Rosenbluth & Thies, 2010; Krauss & Pekkanen, 2011；Shinoda, 2013）。誠如沙因內爾 (Scheiner) 所指出，日本的反對黨派失敗，是因為自由民主黨依靠財政集中制的優勢和向附庸們分派好處而取得廣泛的支持（Scheiner, 2006）。二次大戰後基督民主黨在意大利的崛起並長時間執政也是保守精英面對蘇聯和國內共產黨的威脅的積極回應的實例。

執政黨或管治聯盟在維繫混合政權的必要性可以從相反的角度來證明。如果政權內部出現內訌分化，不但政權的政治威信會因此而下墜，那些不滿現狀的政治精英會發動力量，包括發動群眾，去奪取國家的領導權。2005 年在吉爾吉斯坦爆發的"鬱金香花革命"(Tulip Revolution)，恰恰是不滿自己的政治利益受到主流管治精英擠壓的"次精英"在混合政體中，動員他們的群眾支持者推翻現有政權的例子 (Radnitz, 2010)。[6]

鎮壓和其他非正規手段的運用

混合政體特別是那些有軍人背景或以軍人為支柱的政體，在相當程度上依靠鎮壓力量來保障政權的安全。誠然，在民主、人權和自由等價值觀廣泛散播的今天，悍然和肆意動用軍隊、秘密警察、警員、特務、民間武裝、秘密會社或其他鎮壓手段來對付反對派和其他政權的挑戰者並不多見，因為那會引起國際社會的反彈、其他國家的制裁和國內人民的強烈不滿。即使如此，某種程度的使用鎮壓手段在混合政體中司空見慣，尤其是那些較為隱蔽和針對個別人士的威嚇、壓制以至暗殺手段。例如，在俄羅斯政府的所謂"防禦性反革命"策略中其中一個手段是"壓制所有可能支持'顏色革命'的公民和政治力量。一系列的嚴厲法律大幅度增加國家機器干預非政府組織、政黨和公眾示威的能力。"（Horvath, 2013:6）當混合政權處於生死存亡的關頭時，又如果軍人和警察與管治精英構成"政治命運共同體"時，鎮壓力量更是政權賴以避免傾覆時不得不使用的"最後"利器。

除了利用制度性手段來維持執政權力外，混合政體也大量

6　一些人把"鬱金香花革命"(the "Tulip Revolution"理解為"顏色革命"的例子，但實際上它不代表群眾起來推翻現有政權，反而是顯示管治陣營的內訌。

利用非制度性或非正規手段來鞏固權力和排除異己。非制度性
手段往往也是一些不恰當的甚至非法的手段。然而，要追究當
權者的責任時卻十分困難。"競爭性威權政體的特徵之一是非
正式制度的重要性。非正式的鎮壓手段沒有那麼顯眼。違法手
段比如買票、把假選票塞進投票箱和在點票過程中做手腳 [都
是較常用的手法]。"(Levitsky & Way, 2010:27)

公民社會薄弱

作為一種政體，人民在混合政體中仍然享有不錯的表達、
集會和結社等自由。因此，在混合政權的管治下，社會上存在
着不少的、有着各種政治目標的社會組織，包括政黨、公民團
體、議政團體、非政府組織、媒體、選舉組織、社會運動、實
質和虛擬政治網絡等。部分這些組織不時與混合政權發生摩
擦，因而對當權者構成一定的威脅。不過，整體而言，儘管在
混合政權的國家中人民有一定的政治覺醒、民主訴求和政治參
與的管道，但在重重制度、法律和政治的限制下，加上管治精
英的嚴密監視和打壓，所以就算那些主要關注其成員自身利益
和進行互助活動的民間團體不少，帶有政治野心或目標的組織
卻一般較為罕見。在種種不利情況下，公民社會一般發展程度
不高，各類資源匱乏，而且組織比較分散，群眾基礎薄弱，且
又經常互相傾軋，難以出現若干龐大和歷史悠久的組織和強勢
領袖，而公民社會的政治能量也相當有限，難以發動持久性和
大規模的抗爭行動。當然，如果因為當權者犯下嚴重錯誤而引

起極大的民憤，國內有時會突然爆發龐大的反政府暴動或叛亂，偶爾甚至會導致政權的崩塌和民主政體的短暫出現，但在大部分情況下那些亂象是因為群眾，尤其是中產人士基於義憤而引發的自發性行為，而並非由公民社會組織所策動和領導。由於公民社會組織薄弱，反對勢力領導能力不足，經過一段時間後，暴動或叛亂會因為被管治精英鎮壓下去而失敗。這類短暫和最終被消滅的集體行動在一些經歷過"阿拉伯之春"的國家中可以窺見。（Lynch, 2012, 2016; Danahar, 2013; Sadiki, 2009）

在相當部分的混合政體中，人民的民主信念頗為獨特。不少人將"民主"理解為"自由"、"人權"、"實行善治的政府"、"行政效率高"、"經濟發展快速"等。西方人士熟悉的民主理念則不太為人所知，即使知道也不會被廣泛認同。很多時候選民會把選票投給"反民主"的管治精英（Rose et al., 1998; Rose, 2002; Magaloni, 2006; Doh, 1999, 2012; Chu et al., 2008; Dalton & Doh, 2006）。更有趣的是，西方的民主理念往往在表面上被肯定，但民眾卻賦予它們另外的含義。因此，儘管混合政體帶有濃厚的威權主義成分，它們不一定得不到人民的支持。在這種民意氛圍下，混合政體內反對政府的政治組織要動員群眾支持並不容易，尤其當混合政權在經濟發展、政治穩定、民生福利和抵禦外侮等方面表現不錯的時候。

小結

混合政體最矚目的特徵，是它在不同程度和比例上包含了民主政體和威權政體的元素，讓它們能夠在相互激盪和擠兌下仍能長時間共存，雖然彼此之間難免長期處於緊張狀態。在大多數情況下，混合政體的產生，是因為原來的威權政權為了部分迎合人民的民主訴求、回應來自國際社會，特別是西方國家的壓力，和不得不拉攏一些反對勢力，才無奈地在政治體制內引進一些民主成分，包括選舉、立法機關和一系列受到限制的自由和人權。然而，即使如此，新引入的民主成分無疑會不斷衝擊和腐蝕混合政體內的威權成分，從而削弱其保衛政權的能力。最為重要的是，無論如何操控選舉制度和過程，管治精英因為在選舉中落敗而丟失政權的可能性不能完全抹殺，尤其是當國家面對經濟凋敝、管治精英貪污腐化、人民生活困苦和受到外國的欺凌的惡劣境況時。因此，混合政體內的管治精英無時無刻都要面對政治不確定性，即他們永遠無法保證自己能夠長期維持執政地位。

正是因為政治不確定性的瀰漫，混合政體內的管治精英必須想方設法為保衛自己的執政權力而籌謀。他們不但要不斷強化和鞏固混合政體內的威權成分，尤其是要嚴密掌控鎮壓手段和保證管治精英的內部團結和紀律，更要在民主成分中有所作為，除了不讓反對勢力借助民主成分奪取權力外，還要把民主成分好好利用，來提升管治精英的政治合法性和人民對他們的支持。

　　由於在混合政體中管治精英沒有完全駕馭和控制政治局面的能力而又被迫要"玩"一些民主遊戲，混合政體所衍生的各種靜態和動態政治現象便與完整的民主或威權政體的政治現象大異其趣，而不同的混合政體的政治情況和變遷也差異甚大。作為一個混合政體，香港又與一般的混合政體截然不同，因此其呈現出來的政治現象和變遷甚為獨特。儘管香港的個案並沒有普遍性，但它的經驗卻可以讓我們從側面更全面地瞭解混合政體這類"新型"和新興的政治體制。

第二章　香港的獨特的自由威權政體

　　在"保存原來的制度和生活方式五十年不變"的大原則下，香港特別行政區的政治體制在相當程度上以殖民地時期香港的政治體制為藍本。與此同時，這個政治體制又被中華人民共和國中央人民政府確認為有利於落實"一國兩制"方針、保持香港的繁榮穩定和達致較高的行政效率。在管治香港的過程中，英國人實施的是一種他們在其他殖民地罕見的懷柔策略，主要體現在殖民政府控有絕對權力的同時，讓被其統治的香港華人得以享受頗高程度的人權、自由和法治（劉兆佳，2014：1-28）。殖民地時期香港的政治體制可以描述為"自由威權政治體制"（liberal authoritarian political system），而且因為其"自由"的部分（除了沒有推翻殖民管治的自由外）與西方國家相比也不遑多讓，有些方面甚至尤有過之，所以香港這個"自由威權政治體制"堪稱世上罕有。英國人之所以要在香港建立一個有異於其他殖民地的政治體制，與英國需要吸引資金和人才到香港將那個"荒島"打造為英國在遠東的重要商埠有關。為此，"自由威權政治體制"被認為最有利於實行懷柔統治和推動經濟發展。香港基本法設置的香港特區的"自由威權政治體制"雖然"借鏡"了殖民地的政治體制，但卻進一步增加了"自由"的成分和減少了"威權"的成分。回歸後，隨着政治環境的變遷、港人參政訴求的上升和非正式的"憲制慣例"的形成，"自由"的成分增加了不少，而"威權"的成分則受到更多的限制。無可避免地，"自由"和"威權"之間的張力和碰撞更為明顯和頻密，也更難化解。回歸後香港的政治分化與管治困難與此有密切關係。

然而，縱使香港特區的政治體制和"殖民地"香港的政治體制在制度上有很多類似之處，但畢竟香港特區政權與殖民政權有本質上的差異。香港特區政權的權力來源於中國政府的授權，並要對中央及香港特區負責，而殖民政府的權力則來源自英國君主，並以維護英國的利益為宗旨。由於在不少港人心目中對英國人在香港一個半世紀的統治持肯定態度，認為香港的繁榮、穩定、法治、自由、人權和一系列的"好東西"都是來自殖民管治和殖民教育，因此雖然港人對殖民統治態度複雜，但卻仍然給予殖民政府和它的"高等華人"、"同路人"相當程度的認受性。這些"同路人"一般被視為香港的"主流精英"，成員包括高級華人公務員和社會與經濟精英。那些人因為擁有龐大的政治、社會和經濟資源。回歸後，香港特區政府大體上保留了原來的制度和法規，讓原來的公務員全體過渡到新政府，容許不少擁護殖民統治的"主流精英"在新政府中擔任重要職務，也延續了過去的公共政策和決策程序，但由於它的權力來源是大多數港人不太信任的、由中國共產黨領導的中國政府，而且特區的管治精英又加進了一些支持中央的政治人物，所以從一開始香港特區的新政權不但不能"繼承"殖民政府的認受性和公信力，反而立刻便要面對公信力及認受性不足的嚴峻困難。

另外，英國人為了達致"光榮撤退"，在撤離香港前做了大量削弱政府權力和管治能力的工作，包括解散或撤銷一些殖民政府一直以來賴以作政治控制和鎮壓異己分子的重要統治手段、扶持反共和反對勢力、打擊"親北京"人士、設立大批在政府內部和外部制衡和掣肘行政機關的機構和機制、大幅提升港人的民主訴求，以及營造一種民眾監督政府和政府向人民負責的政治氛圍和"傳統"等。所以，本質上香港特區的混合政權其實是一個全新的政權，既絕對不是殖民政權的延續和繼承，也無可避免地要面對所有新政權在建設新政權時所遇到的種種困難（劉兆佳，2012）。所以，香港特區的新政權不但難以用過去的政績來支撐其政治權威，而且成立伊始便要面對如何樹立政治威信和推行有效管治的巨大挑戰。這個新政權唯一可以"告慰"的是它從來都無需面對被推翻的"政治不確定性"。

無論如何，香港特區的政治體制是一個混合政體，但卻是一個非常獨特的混合政體。早在 2002 年，我和關信基教授已經描述香港的政治體制為一個"自由專制政體"（liberal autocracy）(Lau & Kuan, 2002)。曾經在 1997-2000 年期間擔任美國在台協會負責人的卜睿哲 (Richard C. Bush) 也注意到香港政治體制的混合性，並定性它為"自由寡頭政體"(liberal

oligarchy) (Bush, 2016)。[7] 近年來，一些香港學者也用混合政
體來形容香港的政治體制（Fong, 2013, 2016; Wong, 2015；馬
嶽，2016；Cheng，2016)。不過，他們都沒有着眼於，也沒有
覺察到，香港的混合政體和其他混合政體的重要差別，只是籠
統地將香港的政治體制歸類為混合政體而已。

然而，不從香港的混合政體的獨特性作為研究的起點，便
難以全面和透徹理解香港的與別不同的政治形態。本書正是以
混合政體為分析回歸後香港的政治情況和變遷的抓手。香港的
混合政體與其他的混合政體的最大不同之處，是管治精英失去
政權的可能性可謂絕無僅有，因此香港特區的管治精英所面對
的政治不確定性極少。與此同時，香港的管治精英擁有的各類
管治手段特別是鎮壓手段卻不多，而且受到其他政治機構和勢
力在相當程度上的制衡和反對。香港的反對勢力雖然沒有奪取
政權的機會，但他們卻享有不錯的群眾支持，可以大量利用香
港所提供的各類自由和空間，有效運用立法會和媒體作為政治
活動平台，並且能夠從香港的法律和司法體系中獲得保護，因
此他們仍然得以發揮巨大的政治能量來對付、衝擊和牽制香港
特區的管治精英。管治精英和反對勢力之間的互動和衝突衍生
了很多獨特的政治現象和政治矛盾。這些政治現象和矛盾在現
有的"自由威權政治體制"內難以化解。只有當構成和支撐這

7　卜睿哲認為，香港一方面擁有一個自由的體制，當中人權和自由一般得到保障，而
　　法治和獨立的司法制度則是它們的堅強後盾；另一方面，香港的政治體制又是一個
　　寡頭體制，因為經濟和政治權力都掌握在一小群精英的手上。香港之所以不能成為
　　自由民主體制 (liberal democracy)，是因為香港缺乏以自由和公平的選舉方式來選
　　拔主要領導人，從而無法約制那些集中起來的經濟力量（Bush, 2016: 48）。又可參
　　看馬嶽（2016）和 Cheng (2016)。

個政治體制的基本條件發生改變後，香港才有機會形成一個較有利於有效管治和政治穩定的"自由威權政治體制"。

　　總的來說，作為一個獨特的混合政體，香港的"自由威權政體"有它一些獨特的制度性的特徵。這些制度性特徵又衍生出一系列政治現象。部分政治現象其實在其他地方也可以找到，而部分則找不到，但它們在香港結合起來卻形成一個獨特的組合。所謂香港的獨特政治形態，正是指那群以獨特方式組合起來的政治現象。下面我先描述那些制度性特徵。

中央的權力和角色

　　在解構香港的混合政體時，首先必須認識到香港並非是一個主權國家，而是中華人民共和國的一個特別行政區。這是香港與其他混合政體最重要的分別，因為香港的政治體制由中國的中央政府設立而不是由港人決定，而香港特區政府除了對特別行政區負責外，更因為行政長官由中央任免而必須對中央負責。香港特區雖然享有相當程度的自治權力，但這些權力來自中央的授予。中央在香港 1997 年回歸後實施的是"一國兩制"的重大國策（劉兆佳，2015a）。對中央來說，"[中國] 憲法和香港基本法規定的特別行政區制度是國家對某些區域採取的特殊管理制度。在這一制度下，中央擁有對香港特別行政區的全面管治權，既包括中央直接行使的權力，也包括授權香港特別行政區依法實行高度自治。對於香港特別行政區的高度自治權，中央具有監督權力。"（中華人民共和國國務院新聞辦公

室，2014：7）

　　在形成香港的自由威權政體的過程中，中央的角色非常關鍵。中央對港的"一國兩制"方針的戰略目標是要保存香港原來的資本主義制度，並視之為維護香港的繁榮和穩定的基石。與此同時，香港不容許成為威脅中央和內地社會主義體制的顛覆基地。只有達致了這兩大戰略目標之後，"一國兩制"方針才同時對國家和香港有利。鑑於反對中央的政治勢力在香港回歸前和回歸後都是一股頗有社會支持基礎和不可小覷的政治力量，如果香港特區政權落在他們的手上，中央的"一國兩制"方針便難以在香港貫徹。因此，為了既要確保這兩個戰略目標的達成，又要循序漸進推進香港的政制改革以滿足港人上升中的民主訴求，中央遂在引進民主選舉的同時必須確保管治香港的人是"愛國者"，並為"愛國者"配備強大和廣泛的政治權力。所謂"愛國者"雖然沒有統一的定義，但起碼的要求則是清晰的。中央心目中的"愛國者"是那些接受"一國兩制"方針、認同中央對"一國兩制"的詮釋和不會與中央對抗的人。那些人可以理解為廣義的"愛國者"。更高層次的要求當然是承認中國共產黨的執政地位，和願意維護中華人民共和國的主權、安全與發展利益。基於歷史原因，中央傾向以較低或廣義的要求來定義"愛國者"，而這樣一來"愛國者"和一般理解的建制派人士便難以清晰分辨。然而，即使用較寬鬆的定義，"愛國者"在回歸前後在香港的主流精英中的人數和比例都非常有限，而在社會上又欠缺實際和思想領導地位，所以如何落實"愛國者治港"的目的，對中央而言是一大挑戰。

　　在"一國兩制"下，中央享有制定香港的政治體制，包括香港的選舉制度的主導權和決定權，而選舉辦法設計的指導原則，是要讓"愛國者"或建制派人士擔任特區的行政長官和佔有立法會的大多數議席。那些選舉辦法主要包括行政長官通過由精英分子組成的選舉委員會選出，而中央則擁有實質的任命行政長官的權力。在立法會選舉中，儘管建制派在分區直選中沒有優勢，但功能團體選舉的設置則確保了建制派能夠在立法會中佔有過半數的議席。中央希望經過一段時間，那些建制派人士能夠通過人才的培訓、管治經驗的累積和社會支持基礎的開拓而成為香港社會的主導政治勢力。在這個過程當中，中央除了設計對建制派有利的選舉辦法外，更有負起培植、組織、壯大和支持建制派的重任。在香港回歸後的一段難以確定的時間內，為了"一國兩制"方針的成功實施和確保建制派執政，中央"介入"香港的政治事務包括選舉過程無可避免。只有在大多數港人成為"愛國者"或建制派之後中央在這方面的"介入"才會減少甚至結束，而香港實現全面和開放的行政長官和立法會普選辦法才有可能。在此之前，建制派是當然的和"長久"的執掌香港特區政權的力量。然而，因為中央對政黨政治始終疑慮重重，更反對所謂政黨輪流執政，所以建制派只能以執政黨以外的方式管治香港。

　　在扶持建制派的同時，中央在政治上對香港的反對勢力則予以排斥和孤立，但成效迄今仍然有限。實際上，當不少港人對中國共產黨仍存疑慮的情況下，反對勢力被港人視為一股"制衡"或"約束"中央的力量，即使他們也知道這股力量相對中國共產黨而言微弱不堪。中央既不能不讓反對勢力的一些人進入立法會和區議會之內,更難以阻擋他們在社會、媒體和國際上興風作浪。然而,中央對反對勢力的反感和擠兑無疑令部分港人尤其是經濟精英對反對派不敢給予支持,從而在一定程度上縮小了他們的壯大空間。

反對勢力甚至反共勢力之所以在中央的遏制下仍然享有相當的政治活動空間,除了部分反共和"疑共"的港人的默許、同情和支持外,更重要的原因是中央在"一國兩制"方針下不但保存,甚至擴大了殖民地時期的"自由"成分。回歸後,香港不但保存了原來的法律體系、司法獨立、人權保障、獨立媒體,和各類諸如行動、遷徙、表達、信仰、集會、結社、學術等自由,回歸後那些自由更有進一步擴充之勢。[8] 行政長官和立法會的選舉辦法雖然難以和西方的相提並論,但與"殖民地"時期香港總督由英國君主任命和立法局議員由港督委任相比已經是邁進了一大步。[9] 終審法院在香港特區的成立讓香港得到更大的"司法自主"的權力和地位。人權法律的制定和一些旨在維護人權的法定機構的設置、保留和增加讓人權得到更有效的保障。無可否認的是,在制度建設的角度看,香港特區的自由成分比殖民地時期有過之而無不及。這從特區管治精英在回歸後飽受政黨、媒體和民意的攻擊和催逼來看,便可見一斑。

8　一些反對派人士斷言港人在回歸後的自由減少,但這是昧於事實的説法。

9　直至香港前途問題在 1980 年代初出現後,殖民政府才開始在"還政於民"和"代議政制"的幌子下引入部分立法局議員經選舉產生的安排。

　　由此可見，回歸後在香港特區建構一個"自由威權政體"
是中央的選擇和決定，也只有中央才有此權力。不言而喻，這
個混合體制的產生，對中央來說其實是一件迫不得已或無可奈
何的事情，因為若非如此便不能夠同時維護中央的利益、維持
港人對"一國兩制"和香港前景的信心和爭取國際社會理解和
接受中國對香港的政策。坦白說，部分國家領導人和中央官員
對這個內含不少矛盾的政治體制懷有疑慮和不安，對它所會
帶來的後果，特別是對"一國兩制"的實踐的影響，心有戚戚
然。但在形格勢禁下，建立一個混合政治體制便成為"必然"
的選擇。

"威權"成分

　　作為一個"自由威權政體"，香港的"威權"成分相當明
顯。最關鍵的特徵，是屬於"愛國者"的管治精英享有"永久"
的管治地位和權力。也就是說，儘管香港既有行政長官選舉，
又有立法會和區議會的選舉，但選舉結果必然是繼續維持和延
續政治精英的執政權。因此，相對於其他國家的管治精英而
言，香港的管治精英無需面對政治的不確定性或失去政權的風
險。香港的政治生態，在頗大程度上與管治精英執掌特區政權
的確定性，及反過來說，與反對勢力不能取得執政權力的確定
性有密切關係，因此管治精英和反對派人士的政治態度和行為
都與這些現象息息相關。

　　第二，香港特區的管治精英所享有的"永久"執政權力，

並非如其他國家的"一黨獨大"政體的管治精英般通過不斷贏得"公平、公開和公正"的選舉勝利而取得,而是來自中央的眷顧和安排。即使港人對管治精英極為不滿,並採取各種集體行動衝擊他們,他們的執政地位也是固若金湯。

第三,香港的選舉辦法向建制派傾斜,從而保證了他們的執政權利。在實施普選行政長官之前,行政長官由建制派人士佔大多數的選舉委員會選出。就算實行普選行政長官,港人也只能從一個由建制派人士佔大多數的提名委員會提名的若干名候選人中選出。在立法會的選舉中,在立法會內佔有相當比例的功能組別議席大部分是建制派人士的天下。在立法會的地區直選中,因為實行比例代表制關係的緣故,建制派人士也"一定"能取得接近一半的議席。即使日後立法會實施全面普選,功能組別選舉的基本原則也有可能以某種方式保存下來,從而維持建制派在立法會選舉中的優勢。簡而言之,香港的選舉制度在相當程度上保證了建制派出任行政長官和主導立法會的局面。誠然,行政長官可以招攬若干反對派人士為主要官員或行政會議成員,但他們卻必須以行政長官和中央為效忠對象,而並非表示管治精英與反對勢力"共治"香港的格局。

第四,香港的管治精英除了掌控政治權力外,也擁有大部分的經濟權力和享有優越的社會地位。管治精英的主體乃香港的工商財團、重要的專業人士和高層公務員,可以說他們是香港現行體制的主要既得利益者、領導者和捍衛者。在殖民地時期,以英國人為骨幹的政治精英與以華人為主體的經濟精英分離。英國人讓經濟精英有充分的自由去"發家致富",但卻不讓他們主宰香港政治。政治權力牢牢掌握在英國人的手上，不容許經濟精英覬覦和染指。不過，香港回歸後實施的"局部"民主改革，卻讓商界和專業精英在選拔行政長官和部分立法會議員上有巨大的影響力，從而形成政治和經濟力量在相當程度上的合流。行政長官和特區政府因此在施政過程中受到經濟和社會精英的強大制約，這是"殖民地"時期的未曾見的政治變化，對香港特區的政治形態影響至深。自 1970 年代以來，香港的貧富差距持續擴大，不同行業內企業壟斷情況日趨惡化，以至香港的經濟精英與普羅大眾的隔膜和矛盾也越來越嚴重。政治權力與經濟權力的密切結合無疑是香港的混合政體的"威權"成分比殖民地時期看起來更為矚目的原因之一。更為嚴重的，是經濟權力對政治權力的影響在香港回歸後有大幅的提升，結果是特區政府在紓緩階級矛盾和調和社會各方面利益上的能力減少，從而在政治和經濟精英和民眾之間形成更大的鴻溝。

第五，從憲制的角度看，香港的"自由威權政體"也是一個"行政主導"的政體，更可以形容為一個"行政長官主導"的政體。行政長官在香港特區享有崇高的地位，他既是行政機關的首長，更重要的他也是香港特區首長，並要負起在香港落實"一國兩制"和維護基本法的重任，因此他的憲制地位、政治權力和社會聲譽都高於立法會和司法機關。從權力享有的角度看，行政長官擁有政策和法案的創議權、強大的財政調配權、絕對的人事任免權和其他重要權力。當然行政長官與殖民地香港總督相比其權力也有所減少，比如他不是三軍總司令，也可以因為嚴重失職而受到立法會的彈劾，但總體來說他享有比不少其他混合政體的行政首長更大的權力。

第六，儘管行政長官經由在香港舉行的選舉產生，但中央對行政長官的任免卻享有實質權力，當然中央不會隨便否定香港的選舉結果，除非中央相信港人選出來的行政長官對國家安全構成威脅。即是說，無論港人如何不滿行政長官，他們都沒有罷免行政長官的渠道和權力。一般來說，即使行政長官民望低沉，中央主動罷免行政長官的機率亦很小，所以行政長官面對倒台的"政治不確定性"風險比其他混合政體的行政首長為低。

第七，商界精英力量上升，公務員失去駕馭和約束經濟精英的能力。在殖民地時期，高層公務員在管治香港上擁有優越的地位和權力，我們甚至可以說殖民管治在相當程度上是通過公務員管治來體現的。回歸後，隨着主要官員問責制（一種政治任命官員的方式）的引入、獨立於政府並以選舉產生的立法會的出現、加上政黨、民意和媒體等政治勢力的蜂起，公務員無論在地位、權力、士氣、自我形象、威望、團結性和能力等方面都大不如前。過去公務員在位高權重時可以較有效地駕馭商界和財團，並以"公平"和"公眾利益"為由整合和協調財團和工商機構之間的利益，有些時候甚至"侵犯"經濟精英的利益。然而，由於回歸後經濟精英的政治權力顯著上升，公務員在那些方面的作用大幅減少。少數高層公務員在退休後投身商業機構，為資本家服務，更讓公務員難以在商賈面前"挺起腰板"和在公眾心目中形象受損。所以，經濟精英在香港回歸後的政治影響力比從前實在有增無已。

　　不過，儘管香港特區的管治精英擁有龐大的、來自政治體制授予的政治權力，但與其他混合政體相比，他們的"綜合"政治能量卻小得多。所謂"綜合"政治能量，是指他們能夠隨意、主動和有效地使用和調配的憲制權力和各種可供管治者運用的資源的總和。那些資源包括政治、鎮壓、財政、經濟、意識形態、文化等資源。

　　首先，與其他擁有混合政體的國家和地區相比，香港是一個較為發達的經濟體。可是，香港特區政府卻因為因循殖民政府的"小政府"管治方針而在經濟領域角色有限，因此亦不享有龐大的經濟資源。香港特區政府的財政政策以低稅率和審慎理財為指導方針。政府基本上不辦企業，而政府又不能夠通過對豐富的天然資源的擁有而取得大額財富和收入。與此同時，政府又需要大量的公帑開支來維持行政部門的運作和提供數量不少的公共服務和社會福利，加上公帑的運用又受到嚴密的法律限制和政府內外的嚴密監察，所以它能用作政治酬庸或分肥用途的資源相當有限。

　　第二，除了能夠用以鞏固混合政權的"威權"成分的經濟和財政資源有限外，香港特區的制度、法規和政治環境又不能隨便讓特區政府作政治"自利"之用。特區政府的財政收入和支出受到法律、立法會、政府內部的審計機關、媒體、公民社會和民間各界的嚴密監督。香港的廉政公署在防貪和肅貪方面成績斐然，杜絕了管治精英利用貪腐手段達到政治目標的機會。再者，香港的高度制度化和法制化的公務員制度奉行"用人為才"的原則,公務員的入職、升降、調職和免職等銓敘與人事管理安排都受到嚴格的法律和法規的監管。香港的管治精英不能以政府職位作政治酬庸之用。即使香港特區政府在2002年後引入了政治任命的職位,但數量太少,難以用它們來大量招攬和維繫政治盟友。

第三,香港特區政府擁有的鎮壓力量不多,而且不能夠隨便運用。駐港的解放軍部隊不是聽命於特區行政長官,而是直接由中央領導。除非香港發生嚴重動亂,而特區政府又無法平息,否則中央不會讓駐軍在香港擔負任何維持治安的工作,更遑論成為香港的管治精英鎮壓異己的工具。香港的警察由於要肩負一些在其他國家由軍人負責的任務,所以相對於其他地方的大城市來說人數比較多,但他們的職能和工作卻受到法律嚴密的規管。在"殖民地"時期,香港的警察的確承擔了一些監視、控制和對付那些威脅殖民管治的人士和組織的任務,但英國人在撤離香港時不但主動廢除了不少他們過去依賴的鎮壓手段(例如警察機關內直屬於英國情報部門的政治部),反而通過法律和政治改革加強了公眾制約警察、廉政公署和稅務部門的、能夠用作"政治"用途的能力。況且,經過長時間的發展,香港警察的制度化和專業化程度已達到頗高的水平,因此他們更不會隨便讓香港特區的管治者讓他們"淪落"為行政長官、特區政權或建制派的"御用"政治工具。而由於香港在過去幾十年來大致上風平浪靜,所以極少出現香港政府以武力鎮壓手段來弭平動亂的事例,所以任何來自政府的鎮壓行動都必

然會引起港人的強烈反彈。[10] 在極端情況下，香港特區的警察
是否必然會忠心服從行政長官的指揮去對群眾進行血腥鎮壓亦
有疑問。

　　第四，香港特區的管治精英的政治認受性不足，難以充
分和"隨心所欲"地運用基本法所賦予的龐大權力（劉兆佳，
2000）來進行管治和對付反對勢力。部分港人以特區行政長官
並非經由普選產生，而立法會仍有部分議員不是以分區直選方
式選出為由，質疑管治精英的認受性。按照基本法的規定，即
使最終行政長官以普選辦法產生，但只有提名委員會才能提名
行政長官候選人，而中央仍然享有實質的任命行政長官的權
力。所以，那些嚮往西方民主的港人依然會不斷挑戰行政長官
和他領導的特區政府的認受性。再者，即使所有立法會議員以
普選方式產生，估計功能團體性質的選舉原則仍然會以某種形
式存在於普選辦法之中。以此之故，儘管將來所有立法會議員
都經由普選產生，立法會的認受性在香港依然會受到部分港人
的質疑。

　　同樣重要的，是不少港人認為中央對行政長官和部分立法
會議員的當選與否有巨大的影響力，因此相信行政長官和那些
立法會議員會傾向以中央"馬首是瞻"，不可能是港人利益的
捍衛者。鑑於反共和"疑共"心態在香港仍舊揮之不去，加上
建制派的管治精英始終未能取得大部分港人的認同和信任，所

10　2014 年 9 月底開始，香港爆發了為時 79 天的"佔領中環"特大抗爭事件。原先香
　　港警察嘗試以催淚彈驅散聚集的人群，但不單沒有奏效，反而引來社會人士的嚴厲
　　譴責，大大限制了警察日後所能運用的鎮壓手段。

以他們的社會支持基礎不夠紮實和廣闊。儘管大多數港人對殖民政府遺留下來的公務員隊伍仍有好感，但對公務員的肯定卻未能轉移到他們頭上的管治精英，更何況港人對公務員包括警察的尊重和信任相對於回歸前已有明顯的下降。

結果是，當管治精英的認受性受到港人的質疑時，他們在行使權力時便容易畏首畏尾和"動輒得咎"，而且容易被民眾批評為濫權、弄權或越權，處理得不好的話，更會在社會上引發反政府的行動和針對政府的訴訟。以此之故，管治精英只好小心翼翼、如臨深淵、如履薄冰地運用權力，結果是基本法賦予行政長官的權力從未被充分運用來對付反對派、推行政策或提升特區政府的管治能力。在認受性不足的情況下，香港的管治精英往往顯出"底氣不足"的頹敗氣象，在這種情況下要搬出鎮壓工具自然是難乎其難。[11]

第五，香港的管治精英缺乏思想領導和控制手段。雖然不少混合政體的管治精英都沒有一套完整和有力的意識形態讓他們的政權"合法化"和讓他們得以向群眾進行思想灌輸和壓倒反對勢力，但香港的建制派和管治精英在這方面的缺陷尤其明顯，部分人甚至以因為自己不是擁有"人民的授權"故自我政治形象低落，因而管治意志和信心薄弱。這一點我會在下面作詳細論述。自然地，當管治精英自己不具有堅強的意識形態或"制度自信"時，他們也難以在社會上進行思想領導，更遑論實施思想控制和推行思想教育。香港既然是一個"自由威權

11　一些中央官員不時埋怨特區政府沒有充分用好基本法賦予它的權力，因此導致官威凌夷和管治不力，但卻沒有認真理解和同情特區政府的困境。

政體",而其"自由"成分又極為充沛,則香港的管治精英無可避免地要面對不同反對勢力在意識形態上的強力挑戰。儘管反對勢力在香港也沒有享有意識形態的主導地位,但他們所揭櫫的反共意識和西方政治價值觀,卻較容易與部分港人產生共鳴,從而增加他們的政治力量。

第六,管治精英缺乏操控選舉的能力。誠然,香港特區的選舉制度既然要兼顧"一國兩制"的戰略目的,即"愛國者治港"、防止香港成為顛覆和滲透基地和保存香港原有的資本主義制度等,則無論是行政長官或立法會的選舉辦法都難以符合西方與香港反對勢力的所謂"普及和平等"、"一人、一票、每票同等價值"(one man, one vote, one value) 的"普世標準"。肯定地說,香港的選舉制度是向建制派傾斜的,而選舉結果也不會讓建制派丟失政權。不過,我們也得承認,選舉結果尤其在立法會分區直選的結果,在一定程度上反映港人對特區政府、建制派甚至中央的信任和支持,既是量度香港政治情況的寒暑表,也對管治精英的威信有明顯的影響,所以中央、特區政府和建制派都全力以赴投入選舉過程之中。然而,即使在制度層面,香港的選舉制度也難言完全的"公平、公正、公開",但在選舉程序和操作層面,即在選舉工作的執行上,香港的選舉確實是非常"公平、公正和公開"的。所有的選舉環節都受到嚴密甚至說過度苛刻的法律和規則的監管,而因為觸犯法規而遭受懲處的人比比皆是。香港的選舉以不記名或秘密投票方式進行,所以儘管中央、特區政府和建制派如何動員和影響選民的投票意向,這些工作或努力都只能在法律容許的範圍內和投票站外面進行，絕對不能用威逼、利誘和其他"下三濫"手段來對付候選人和選民，因此中央和建制派那些與"贏取"選舉有關的工作是否真的有效亦難以確定。當然，一些香港學者譴責中央、特區政府和建制派越來越干預香港的選舉和左右選舉的結果（Fong，2016），但其實是過分誇大了他們的政治操控能力。事實上，在歷屆立法會的分區直選，反對派的得票率和取得議席的數量都比建制派多便是明證。從政治角度看，由於行政長官尚未以普選產生，港人不能以選票來影響行政長官的政治和管治行為，所以較傾向把選票投給反對派候選人，讓他們在立法會內監督和制衡特區政府。這種情況在可預見的將來也難以改變。總之，相對於其他混合政體，香港的管治精英只能從選舉辦法的"頂層"設計中獲益，但在實際的選舉過程中卻並無優勢可言。[12]

"自由成分"

香港的"自由威權政體"之所以獨特，是因為它具有大量的西方民主政體的特徵，在一些方面比如人權、自由、法治、廉潔的水平比部分西方國家尤有過之。由於香港尚未達致行政長官和立法會經由普選產生，所以港人享有的政治自由還不能

12　在區議會的選舉中，建制派則擁有優勢。建制派相對於反對勢力享有更充沛的物質資源和與政府的聯繫來滿足地區居民的需要，而且建制派黨派和團體的地區辦事處遍布全港，所以在選民偏重候選人在地區服務工作的表現的區議會選舉中享有優勢。不過，假如政治"大氣候"對建制派不利，比如在 2003 年底、緊接着反對基本法第 23 條本地立法的"七一"大遊行舉行的區議會選舉中，建制派的候選人包括那些長期在地區服務的人便紛紛落敗。

夠與西方國家並駕齊驅。總體而言，這些"自由"成分對特區政府構成了一股強大的、實質的、不可小覷的制衡與掣肘力量。選舉制度雖然對精英階層有利，加上中央享有實質的任命行政長官的權力，從而排除了中央不信任的人有成為行政長官的機會，但選舉過程卻相當嚴謹和公正。簡言之，香港的"自由威權政體"中的"自由"部分之多和高，不但與西方國家不遑多讓，更非其他混合政體所能"望其項背"。

相對獨立的立法機關

在整個殖民地時期，除了回歸前一段短暫的實施代議政制的時期外，香港的立法機關只是殖民政府的附庸或下屬，所有立法局議員都由香港總督委任，並大體上聽命於英國統治者，因此絕無獨立地位和權力可言。回歸後，所有立法會議員經由各種選舉方式產生，所以擁有與行政長官不同的權力來源，無須受到行政長官的制約，更無須聽命於他。誠然，在基本法設立的"行政主導"的政體下，立法會在立法、行政官員的任免和財政方面的權力有限，但它卻享有實質的否決政府提出的法案和財政預算案的權力。立法會議員可以通過立法會的動議辯論和對官員的質詢和調查來監督政府施政和提出政策建議。行政長官解散立法會的權力也受到相當的限制。在極端情況下立法會還可以彈劾行政長官。當然，立法會選舉辦法讓建制派得以佔有過半的立法會議席，從而讓特區政府在施政上較容易取得立法會的支持。不過，過去的經驗說明，即使建制派的議員也有需要向自己的選民交代、贏取民意的認同和抵禦反對派的挑戰，再加上他們也有保衛和強化立法會的權力和地位的傾向，起碼不讓行政機關"侵蝕"立法機關的功能，所以建制派議員對特區政府的支持並不穩定，也不可靠。中央雖然對建制派議員有影響力，更經常敦促他們盡量配合特區政府施政，但中央也必須照顧到他們在選民心目中的形象和考慮到他們在選舉中的勝算，因此也不會對他們過度施壓。由於香港尚未有執政黨或組織嚴密和紀律嚴明的管治聯盟，因此建制派立法會議員和特區政府並非同屬一個政治組織，更不是"政治命運共同體"或"利益共同體"，因此沒有強韌和長遠的利益和意識形態紐帶讓彼此聯繫起來，所以基本上特區政府在立法會內缺乏穩定與可靠的大多數的支持。在管治過程中，特區政府往往要按照不同需要和事項，不時與個別立法會議員，包括反對派議員，進行往往是"一次過"的政治交易。這樣不但耗時甚巨，而且也需要花費或浪費不少公共資源作政治用途，對管治效率和資源的合理運用不無影響。有些時候，特區政府還要求助於中央駐港機構代為遊說或"壓迫"建制派議員，但此舉卻又容易引起他們的反感和怨憤，導致他們與特區政府的關係受損。

更為重要的，是反對勢力雖然在立法會內只有少於一半的議席，但他們卻比建制派議員享有更大的民意支持和較為團結，而且不斷利用立法會所享有的權力和立法會議事規則所提供的空間，以"拉布"、"點算出席人數"、惡意攻擊政府、揶揄和侮辱官員、成立調查委員會、提出動議辯論和私人法案、以至暴力行動等招數來扭曲或阻撓立法會運作，務求達到拖慢、延誤或癱瘓政府施政的後果。過去幾年，情況甚至有惡化的趨勢。政府向立法會提交和通過的法案比過去減少，從而政府通過立法和財政資源調撥來推行政策、推動香港的長遠發展和回應社會訴求的能力無疑大為削弱。

總之，頗為獨立的立法機關在香港的"自由威權政體"中毫無疑問是一個有相當政治力量的監察和制衡特區政府的政治機構。

高度司法獨立

香港在回歸前和回歸後的法治狀況一直為人所稱道，而司法獨立則是良好法治的中流砥柱。香港的司法獨立表現在法院獨立自主地進行審判工作，不受到其他人包括行政機關和立法機關的干擾。司法獨立得到各方面的尊重、法律的保護和民意的支撐。法院的尊嚴受到法律的保護，"藐視法庭"屬刑事罪行。在審判期間對法官"指指點點"和在審判後非議法院的裁決被視為不恰當的行為。雖然主要的法官由行政首長任命，但一般而言法律界對人選的評價至關重要。行政首長不會拂逆法律界人士的意見而獨行其是，因此在任命法官上行政長官只是"橡皮圖章"。同時，法官有固定任期，不能隨便辭退，因此其獨立性得到保障。終審法院在審理案件時有其他普通法國家的法官參與，確保香港法院的審案準則與國際接軌。凡此種種都對維持司法獨立有利。

在 1980 年代後期基本法起草之時，幾乎沒有人預見得到司法機關在回歸後香港的政治生活中能夠擔當一個矚目和舉足輕重的角色。事實上，當年一般人以為在回歸後香港的法院只從事低調和被動的審判工作，卻沒有意識到它在公共政策制定和執行方面都可以發揮重要的作用。回歸後的司法機關之所以在香港政治領域佔有顯赫位置，甚至被一些人詬病為"法官治港"，與幾個因素有關。其一是香港在回歸後有了自己的終審法院，在主要牽涉香港內部事務的案件審判中可以"一錘定音"，沒有更高的法院可以推翻它的判決。在殖民地時期，不服香港法院判決的人還可以上訴到英國的樞密院。二是香港回歸後有了基本法這份成文的憲制性文件。法院可以在審判案件時借助解釋基本法的有關條款而接受或不接受政府的政策或決定，及斷定立法會通過的法律是否符合基本法而具有法律效力。基本法內與公共政策有關的條款眾多，這便讓香港的法院得以在裁決案件時影響政府的施政。三是英國人在撤離香港時制定了人權法。香港法院可以藉着判定政府的政策不符合人權標準而迫使政府修改或放棄政策。四是回歸後香港的法院以維護香港的法治、人權和自由為己任，在處理案件時尤其把那些"核心價值"作為重要的裁決的依據。五是相對與回歸前香港法院更勇於在處理司法覆核案件時"質疑"政府的政策與決定，同時又為司法覆核設定較寬鬆的"門檻"，讓更多人有機會利用司法覆核來質疑或反對政府的政策，而回歸後港人更容易取得法律援助來對政府興訟。[13] 六是反對派人士認為在"不公平"的選舉制度下他們無法通過控制政府和立法會來達到政治和政策目標,所以傾向利用那個他們相信會對他們的訴求持正面和同情態度的法院來為自己"服務"。不少反對派人士甚至希望讓法院成為自己的"政治夥伴"。其七是香港特區政府一向尊重法院,所以對法院的判決一般傾向接受並予以執行,很少公開挑戰法院的判決。[14] 其八是為了減少政治代價,特區的行政機關和立法會都願意把一些高度爭議性和分化性的政治和政策議題提交到法院,由法官裁決,也同時由法院承擔相關責任。如此一來,法院便在被動和主動情況下捲入行政與立法之爭乃至香港的政治鬥爭之中。

　　司法機關以維護人權自由和防止行政機關濫權為己任,客觀效果其實壯大了反對勢力的政治能量。以美國為例,美國於上世紀六十年代後期爆發的"人權革命"與之前美國最高法院漠視人權的情況大相徑庭,主要原因是美國社會發生了巨變,湧現了一大堆旨在推動和捍衛人權的人士和組織,特別是人權律師。他們組成了一個廣闊和強大的人權支援網絡,並享有充裕的、包括來自政府的資金供應。(Epp, 1998:2-3) 與此同時,在普通法下,法官更容易受到民意的影響。"美國最高法

13　究竟回歸後香港的法院是否對司法覆核的申請設置過低的門檻,因此"鼓勵"港人濫用司法覆核程序,香港社會會有不同意見。香港終審法院的首席法官李國能和法官列顯倫 (Henry Litton) 在 2015 年底便曾經有過爭論。事實上,不少港人的確覺得司法覆核程序被濫用,甚至被用來達到政治目的,比如阻撓政府施政與拖延或禁止公共工程的興建,而人們更對有些人依靠申領法律援助興訟而表示反感。

14　在西方和其他國家,官員、政客、媒體和民間組織公開批評法院的判決的例子很多,但卻不會被認為是削弱法院的權威的行為。

院的法官明確知道,他們所享有的司法覆核的權力來自人民授予,而且可以被人民收回。他們意識到他們的地位的脆弱性,所以他們在解釋美國憲法時經常緊跟民意。當然,這不是說所有最高法院的裁決都反映民意,但隨着時間的推移,最高法院對美國憲法的解釋與美國人經深思後對美國憲法的理解有合流之勢。"(Friedman, 2009:14)"簡而言之,在現代美國,民意和司法覆核已經形成了共生的關係 (symbiotic relationship)。"(Friedman, 2009:14)"由於最高法院的裁決貼近民意,它成為美國民主政體中民望最高的機構之一。"(Friedman, 2009:15) 香港的情況也有一些雷同之處。人權法的實施、人權律師的出現、法院對人權的重視和港人對人權和自由的執着都助長了"司法積極主義"(judicial activism) 的勃興。

事實上,在美國,司法機關被捲進政治鬥爭的漩渦的事例比比皆是。近年來,司法機關權力"膨脹"更被描述為全球性的趨勢。"在內政領域,各國法官權力的上升速度雖然不同,但一般來說法官權力膨脹對政府和政黨在權力行使上施加了新的制約。"(Naím 2013:99)

泰特和瓦林德爾 (Tate & Vallinder) 對"司法擴權"有這樣的分析:"過去公共政策通常由或(按照大部分人的看法)應該由立法機關與行政官員制定,但法官制定公共政策的現象卻越來越明顯。事實上,有幾個因素引發這個發展,而所有人會認為這代表着美國式司法權力膨脹的普及化。"(Tate & Vallinder, 1995:2) 為何司法權力得以膨脹呢?"形成司法權力膨脹的因素有八項。第一,民主政體乃必須但非足夠條件。第

二，權力分立。司法機關在憲制上有獨立地位，而其地位不亞
於立法和行政機關。然而，在三權分立的憲制安排下，法官的
任務只是解釋法律而非制定法律。司法機關享有與立法機關和
行政機關同等的地位，而法官亦擁有個人和制度上的自主性，
卻並不要求他們把他們對政策的判斷代替其他人的判斷，更不
要求他們在其他人沒有處理好政策問題時，越俎代庖地把他們
的政策喜好付諸實施。權力分立雖然對政治司法化有利，但作
為一個因素既非必要，亦非足夠。第三，人權政治的興起，最
好有成文的人權法律。第四，法院被利益團體利用。那些覺得
無法在少數服從多數的機構中得逞的利益團體往往把自己的利
益包裝為人權問題。如果越來越多的利益團體發覺可以利用法
院來謀取私利的話，他們會擴大'權力'的定義來包裝利益，
即使那些利益與具有憲法基礎的人權或權力風馬牛不相及。第
五，法院被反對派不斷利用。政治上的反對派經常把政治司
法化，手法是利用法院來干擾和阻撓政府施政。第六，民意代
表機構失效。如果反對派能夠成功把一項涉及立法的爭議與人
權問題掛勾，則那個爭議便會從一個多數人"説了算"的場合
轉移到一個以保護少數人的權利為己任的平台，而法院則是其
中的表表者。另外一個原因是政黨和管治聯盟的軟弱無能。如
果行政官員不能得到有嚴明紀律的政黨的幫助，他們便難以有
效制定能夠在法院抵擋反對派挑戰的法律。面對力量不足的行
政機關時，反對派更有誘因到法院控告政府。第七，民眾對決
策機構的態度。如果民眾、利益團體和重要的經濟和社會組織
的領袖們都認為行政機關和民意機構（比如立法機關）無能、

自私、或貪腐，他們會願意把制定政策的重任交付那個享有專業知識和誠信的司法機關，而如果那個司法機關的認受性又高於行政和立法機關的話，那便更不足為奇了。第八，民意機構向司法機構授權。政治司法化有時之所以發生，是因為民意機構不願意就一些麻煩事項作決定。尤為重要的因素是司法人員對政策問題有自己一套看法，並覺得他們比其他機關更聰明。"(Tate, 1995:29-33) 不過，即使這些因素存在，"司法擴權"也不一定會出現，因此最關鍵的因素肯定是法官們願意在政治和政策領域擔當更進取和積極的角色，並相信自己具備相關的能力和資格 (Tate, 1995:33)。在這八項因素之中，除了香港尚未擁有全面的民主政體外，其他因素在不同程度上在香港都讓人有"似曾相識"的感覺。

然而，"過度"介入政治爭議其實對維持司法獨立和法院的威信有害無益。在政治嚴重分化的香港，法院在那些涉及政治鬥爭的案件中無論如何判決，都必然會引起不滿判決的人的反彈。近年來，公開表示反對法院判決的人越來越多，甚至有些人在法院內和法院外示威，並對法官作侮辱性的攻擊。由於法官不是由人民選舉產生，法院的威信其實是建立在人們對它的尊敬和信任之上的，所以司法機關通常高度關注它在人民心目中的形象。以此之故，香港的法院最近開始收緊司法覆核的條件，務求減少法院捲入政治鬥爭的風險。不過，整體的格局尚沒有出現根本性的改變。

媒體的政治角色突出

在其他的混合政體中，管治精英充分了解媒體對自己的威脅，因此都以各種法律、政治、社會、鎮壓等正規與不正規的手段控制媒體。新聞、出版和表達自由雖有，但卻受到頗大程度的約束。在這種情況下，"親政府"的媒體在輿論和民意市場佔有主導位置，反對派的媒體只處於邊緣位置，因此整體來說媒體對管治精英的威脅不但相當有限，甚至可被視為管治精英的"政治夥伴"。

香港的情況與其他混合政體相比可謂是"雲泥之別"。在殖民地時期，英國人對港人實施懷柔管治，只要不對殖民管治構成威脅，港人可以行使充裕的表達、出版、新聞和思想的自由。如果個別媒體蓄意挑動港人仇視殖民政府的話，則英國人會予以無情鎮壓，在 1960 年代中的"反英抗暴"事件中，殖民政府下令封閉數份親北京的報刊便是明證。另方面，鑑於不少港人對中國共產黨有抵觸情緒，加上英國人也不願意讓中國政府在香港挑動民族主義意識和爭取港人的好感，但卻又同時擔心開罪北京，所以殖民政府容許在一定範圍內讓香港的媒體，包括親中國國民黨的媒體，攻擊中國共產黨。在回歸前的過渡時期，為了抵消中國政府在香港的影響力和強化殖民政府在剩餘日子的管治，英國人通過立法和政治教唆讓香港的媒體有更大的空間批評和衝擊中國政府和香港的親北京勢力。原來在政治上較"平和"的官方媒體也在英國人的教唆或默許下，投身到"反共"的戰鬥行列中去。

　　以此之故，回歸後香港特區的管治精英面對一大批反共和反對特區政府的媒體，就連官方媒體在一定程度上也站在特區政府的對立面。西方媒體基本上也秉持反共立場，對中央、特區政府和建制派並不友善。雖然"親北京"和親建制的媒體的數目不少，但在輿論和民意上的影響力相對遜色。因此，在法律的保護和司法機關的包容下，香港那些既反共、服膺西方價值觀、又自詡為"第四權力"的媒體對中央、特區政府和建制派構成嚴重的政治挑戰。近年來，儘管多了一些媒體落入親北京人士的手中，而不少媒體的擁有者為了照顧他們在內地的商業利益也刻意調低對中央、內地和特區政府的敵意，但由於大部分的新聞從業員都以"第四權力"自視，而媒體的老闆又不能不重視其媒體的"公信力"和盈利能力，所以不能不在相當程度上維持其媒體對中央、特區政府和建制派的批判態度。

　　在香港的混合政體內，反共和"獨立"媒體對管治精英的挑戰和威脅絕不亞於反對勢力，甚至可以視之為反對勢力的"非正式"組成部分。無論如何，那些媒體實際上和反對勢力結成"非聖神同盟"，而媒體在其中更儼然擁有"大哥"的身份，其中《蘋果日報》的角色尤其顯著。近年來，網上媒體和社交媒體在香港的政治影響力快速上升，在年輕人群體中尤其強大，形成了激進思想和行為的溫床。總體而言，網上和社交媒體的反共和反政府的傾向十分清晰，有時更是激進和暴力行動的組織者，因而對中央、特區政府和建制派的威脅更大。

　　那些媒體通過偏頗、片面和惡意的報導和評論在香港營造了一個對管治精英十分不利的政治環境。香港的情況與美國的情況有不少雷同之處。在美國，"美國人比過去吸收更多來自偏頗媒體的材料，特別是那些與他們在意識形態上相近的媒體。新聞不再是純粹的資訊，它們更多是個人政治理念的反映。整體情況非常清晰：偏頗的媒體對新聞和事件進行特殊和獨特的扭曲。它們運用三種方式來為之。第一，它們對時事以帶傾向性的觀點包裝。對當前的爭議和辯論，它們只提供片面的報導，並且特別廣泛報導那些對自己有利的題材和議題。第二，對自己對立的那方作負面報導。最後，在選舉期間，明確要求受眾支持自己屬意的候選人和攻擊對方的候選人。"(Levendusky, 2013:48-49) 偏頗媒體加劇了今天美國管治的難度，因為："第一，偏頗的媒體增加了精英之間的分化。即使個別精英分子有意走中間路線，他們也會擔心會激怒媒體上的節目主持人和他們的受眾。第二，人們因為受到'志同道合'的媒體的影響而更加肯定自己的態度。第三，通過意見領袖的中介作用，偏頗媒體對選民的影響力會進一步加強。第四，偏頗媒體會提升其受眾的政治積極性。第五，偏頗媒體使得精英之間的秘密交易因為容易曝光而使得他們不敢相互妥協。精英之間的政治交易公開化的另一後果是促使精英們公開互相毆鬥和譴責。"(Levendusky, 2013:151-155) 不過，香港的管治精英面對的情況比美國更糟糕，原因是美國的不同政治陣營所擁有的媒體在實力上不相伯仲，但香港的反共和"獨立"媒體在民意領域卻擁有莫大的優勢，因此對民意的影響也更為強大。

　　簡單來說，反共和"獨立"媒體在香港的混合政體中對管治精英形成幾方面的制約。

第一，它們不斷攻擊、詆毀、和矮化中央、特區政府和建制派，務求削弱他們的認受性和管治能力。通過散播各種"陰謀論"、不盡不實的批評、真假難分的消息和"證據"，那些媒體企圖減低港人對管治精英的信任和對政府提出的政策的質疑。第二，通過"內幕消息"的報導和偏頗的評論，一方面讓港人相信管治精英不團結甚至內訌嚴重，另方面則蓄意在管治精英之間製造矛盾和分化。第三，那些媒體竭力與管治精英爭奪公共議程的制定權和重大問題和議題的話語權。人權、法治、自由和民主改革等議題更是那些媒體最為關心的事情。第四，不斷質疑中央對"一國兩制"的承諾，並屢屢批評中央破壞"港人治港"和高度自治。第五，不時譴責管治精英對中央唯命是從，在那些懷有反共和"疑共"心態的港人中間煽動反政府情緒。第六，動員群眾參與各種反對中央或特區政府的抗爭行動，尤其是參與"七一"遊行和"六四"燭光晚會。第七，左右反對黨派的立場和行動，威脅對不服從者進行輿論攻擊，迫使它們走更偏激的道路。第八，通過宣傳工作"製造"反對派領袖，特別是那些缺乏組織和群眾基礎的年輕領袖，並鼓勵他們發動暴力抗爭行動。最後，在選舉期間為反對派的候選人宣傳和造勢，並惡意醜化建制派的候選人。

以上所描述的只是舉舉大端，但已經足以顯示媒體在香港的混合政體中的政治能量。香港反共和"獨立"媒體所發揮的對管治精英的制約作用，是印證香港的"自由威權政體"中的龐大"自由"成分的的最佳證據。

公民社會的制約

　　"公民社會"(civil society) 一詞在學術界沒有統一的定義，在本書中"公民社會"指那個由眾多在不同程度上獨立於政權，但又意圖對管治者施加影響力的民間組織，共同組成的"社會"。在"殖民地"時期，政治權力完全控制在殖民政府的手上，不容他人染指。社會上參與政治的渠道很少，而有興趣或有意圖參與政治的被統治的華人也不多。不過，在殖民政府的懷柔統治下，香港的華人有相當廣闊的空間去成立大量的民間團體，但那些民間團體一般不會涉足政治，而大部分港人亦對政治不熱衷（Lau, 1982, 1988）。港人一般只會當自己的切身利益受到威脅時才會採取"政治"行動，但通常會以"尊重"當權者的方式進行。然而，由於內地有不少反對中國政府的勢力在香港存在，並在英國人的"保護罩"下以香港為對付中國政府的"顛覆基地"、"滲透基地"或"革命基地"。不過，那些勢力並非以參與香港政治為目的，亦無意挑戰殖民政府，當然有時為了配合內地政局變化的需要，它們偶爾會在香港策動反殖民政府的行動，但卻無意圖要趕走英國人。親中國政府或內地政黨的政治組織在香港也所在多有，但除了特殊情況外，一般對殖民政府並無敵意，反而受到殖民政府不同程度的監視和打壓。誠然，1967 年爆發的、由香港左派勢力策動的"反英抗暴"行動可謂例外，但那次行動實在是國內的文化大革命運動在香港的延伸，目的在證明參與者的政治正確性和積極性，本身其實也沒有真正要推翻殖民政府的意圖。

　　不過，二次大戰結束後，隨着經濟和社會的快速發展、港人教育程度的提高、西方文化的熏陶、中產階級的壯大、和大多數港人和他們的子女決定以香港為"落葉歸根"和"安身立命"的地方，港人越來越關心香港和自己的福祉，更意識到保衛自己的權益，也要求更多的參與公共事務的機會。日本人佔領香港時期，刻意對英國人百般羞辱，嚴重挫損英國人在港人心目中的"威武"和"高大"形象，減少了港人對殖民統治者的畏懼，讓港人在日本人離開後更勇於向殖民政府爭取自己的利益。上世紀六十年代中期，香港的深層社會矛盾爆發，動搖了殖民統治的根基，大量以殖民政府為對象的抗爭行動紛紛湧現。1980年代初，香港前途問題橫空出世，英國在香港的殖民統治確定在1997年完結，港人對香港和個人前景極為憂慮。凡此種種變化，都迫使殖民政府在上世紀六十年代中期開始採取更開明和開放的管治模式，大力推行一些旨在紓緩階級矛盾和官民隔膜的社會和勞工政策的改革，並開闢更多的、讓港人參與政治的渠道，當中尤其矚目的莫過於在上世紀八十年代推出的"代議政制"改革。由於那些有利於政治參與的條件的陸續出現，香港湧現了為數眾多的、對公共事務和政治有興趣的民間團體，特別是那些懷抱民主訴求和關心香港的未來的組織。香港回歸前中英鬥爭此起彼落，中英雙方都在香港努力動員群眾支持自己和打擊對方，並推動更多的支持自己一方的民間團體的成立，從而導致更多的涉及政治事務的民間團體的興起。顯然，英國人在這方面的工作取得比中方大的多的成效。

　　回歸伊始，香港特區的新政權便被大批由反對派領導的或與反對勢力協作的民間團體的包圍和衝擊。它們提出各種各樣的訴求，特別是那些圍繞着政治和社會改革以期達致政治民主和社會公義的訴求，而往往不少那些訴求卻又非中央和特區政府所能或所願意滿足的。當然，支持中央和特區政府的民間組織數量也不少，而且大致上願意跟隨中央的意向行事，但那些民間團體的社會支持基礎加起來也頗為狹隘，成員的年齡和教育水平偏低，縱然它們的協作性不錯，但總體政治能量也只是一般，未能得到香港主流社會的支持。相反，認同和同情反對勢力的民間團體有較廣闊的社會支持基礎，尤其得到中產階級和年輕人的認同，團結性和戰鬥力也較高。

　　那些爭取民主、自由、人權和社會公義的民間組織是反對勢力的重要組成部分。然而，它們卻不是從屬於反對黨派，反而有相當的自主性、自發性和機動性。它們並不接受反對黨派的領導，有些時候它們甚至會與反對黨派在政治目標和抗爭方式上發生齟齬。那些通過網絡發動的、以年輕人為骨幹的"虛擬"政治組織更抱持極端信念，不但不接受既有的反對黨派的指揮，更不時挑戰和詆毀它們，並與它們爭奪支持者、話語權和有限的物質資源。

　　儘管反對中央和特區政府的民間組織合起來對管治精英造成很大的政治壓力、挑戰和制約，但也不能過分高估它們的政治能量。那些民間團體數量雖多，但各自的規模不大，歷史不悠久、資源有限、缺乏堅強領導、而且彼此的目標和鬥爭策略不同。更為重要的，是它們缺乏能夠號令和領導整個反對勢力

的、擁有崇高威望及政治識見和能力的領袖。就算以群眾信任
和支持的角度而言，所有的反對派黨派和民間團體也談不上有
雄厚、廣闊、持久和縱深的社會根基。以此之故，香港的反對
派民間組織雖然可以不斷地發動對中央、特區政府和建制派的
攻擊，從而削弱其政治威信和管治能力，並偶爾聯合起來發動
大規模抗爭行動，但卻沒有改變香港的政治格局特別是建制派
長期執政的能耐。

否決渠道眾多

正由於港人在香港的"自由威權政體"中享有大量的人
權、自由和眾多的正規和非正規的參政渠道，而且可以運用那
些渠道來爭取自己的權益或反對他們不贊同的東西，所以儘管
香港政體的"威權"成分突出，但港人仍然可以利用多樣化的
參與政治的渠道來改變或推翻管治精英的施政和決定。事實
上，在當今世界，隨着政治的開放、民智的開發、信息的猛增
和快速傳遞、資訊和通訊科技的發展，人民能夠使用的否決當
權者的決定的方法越來越多。正如奈姆（Naím）所言："任何
一位曾經與我談話的政治領袖或國家元首都會提到一大批限制
他們的管治能力的干擾力量。這些力量不但存在於他們的政黨
和管治聯盟之內，也包括那些不合作的立法議員和越來越率性
而為的法官，更有的是那些窮兇極惡的債券持有人、環球資本
市場的代理人、國際監管機構、跨國組織、從事深度調查的記
者和在社交媒體上策動運動的人，還有就是那些數量日增的活

躍群體。"(Naím, 2013:78)"在很多國家，政治體制內的權力分割經常導致僵持不下的局面，往往在最後關頭才能作出少量的決定，結果是公共政策的質量下降，而政府也沒有能力去回應選民的期望或解決迫切問題。"（Naím, 2013:80）

　　香港的情況也有類似之處。除了上文講到的立法會、司法機關和媒體對管治精英的制約外，港人更可以通過民意的表達、輿論的壓力、選舉的表態、政黨的"代表"、眾多的民間組織及各種抗爭行動對管治精英施加壓力。民意在香港的政治生活中尤其重要，而且能夠通過大量的民意調查、媒體、意見領袖和集體行動頻密的表達出來。造成"民意政治"在香港越來越舉足輕重的原因有兩個。其一是中央十分重視香港的民情民意，尤其是港人對中央的態度，更希望香港的管治精英能夠享有良好的"民意授權"，從而印證"一國兩制"和"港人治港"的成功和人心的回歸。其二是香港的管治精英清楚明白民意支持對那個政治認受性不足的香港特區政府的施政的重要性，因為只有在明確的民意支持下，特區政府才有能力克服各種反對勢力的挑戰，和按照自己的施政理念和政策綱領來管治香港。相反，如果特區政府享有良好的民意支持，反對勢力對特區政府的攻擊也會有所收斂。由於民意極為重要，所以香港的管治精英會盡量避免逆民意而行的事情發生，即使發生了亦會盡快找尋糾正之道。如果民意強烈反對某個政府的決定或某項政策，特區政府往往會從善如流，以避免與民意為敵。特區政府甚至不時被各方面批評過度重視民意，以致畏首畏尾，不敢"大膽"施政，因而削弱政府的威信和香港的發展動力。以此之故，香港混合政體中的"威權部分"便受到相當的民意的約束。

在眾多"否決管道"(veto points) 並存的情況下，政治和政策共識難尋，政治僵局便容易形成，令施政倍加困難。在這種惡劣情況下，管治精英和建制派能否成功組建強而有力的"管治聯盟"去駕馭複雜的政治形勢便更形重要，但在不虞丟失政權的前提下，香港的管治精英之間的凝聚力便難以因"政治危機感"而大幅提升，因此他們無法積聚足夠的政治能量來有效駕馭複雜的政治形勢和克服香港的"動態政治僵局"(dynamic political stalemate)。關於這方面我會在下面進一步探討。

"威權"和"自由"成分不自在的共存

在香港的"自由威權政體"內，"威權"成分和"自由"成分之間難以相安無事、和平共存乃自然的事，問題只在於他們之間的矛盾和衝突究竟有多嚴重，而由此而衍生的後果對香港的管治和政治穩定有多大的負面作用而已。毫無疑問，香港的混合政體中的"威權"成分和"自由"成分各自有大批的支持者和既得利益者，雙方都不斷竭力擴大在混合政體中有利於自己的成分，尤其是對反對勢力而言。以"自由"為其生存和壯大基礎的香港反對勢力，肯定鍥而不捨地推動政治制度，特別是選舉辦法的改革，來提升"自由"成分在混合政體中的比重，並且為此目的從不間斷地通過發動群眾和挑起鬥爭向中央和特區政府施加壓力。以此之故，"自由"成分不斷衝擊"威權"成份乃回歸後香港政治的常態。相反,與反對勢力的"進攻"策略不同,中央和香港的管治精英採取的是"防守"戰略,基本上不謀求削減混合政體中的"自由"成分,但卻執意要防範"威權"成分在實質上被"自由"成分蠶食或堵塞。

由於"威權"成分受到中央的對港政策、基本法、和中央對建制派的大力支持所保護,因此儘管反對勢力的政治能量可以因為落實中央對香港民主化的承諾而有所增益,但要讓"自由"成分壓倒"威權"成分,從而將香港轉化為一個西方的"自由民主政體"卻是不可能完成的使命。實際上,"威權"和"自由"之間的力量對比雖然不會出現重大的改變,但一定程度的雙方在力量對比上的"此起彼落"卻會因為政治條件和環境的改變而變化。惟其如此,基於香港特區政權必然由建制派執掌的"確定性"和香港的混合政體的"自由"成分顯著,"威權"成分和"自由"成分長期處於某種"動態的政治僵局"狀態之中便難以避免和扭轉,而在現實上存在於香港的管治精英和反對勢力之間的"動態的政治僵局"和下文將要討論的"精英政治問題"和"群眾政治舞台"的"動態政治僵局"便是這方面的具體反映。在其他的混合政體,縱然"威權"成分龐大,但管治精英卻又要面對揮之不去的被取代的"不確定性","動態的政治僵局"即使出現也不會維持久遠。那些混合政權要麼向民主政體過渡,要麼"倒退"為完全的威權政體,而後者的機率也許更大一些。當然,在不同的條件下,不同的混合政體的壽命亦長短不一。

第三章
"自由威權政體"存在的政治環境

　　香港的"自由威權政體"的主要特徵是來自建制派的管治精英擁有龐大的憲制權力，得到中央政府的大力支持，而他們的管治地位又不會被推翻或取代，所以他們即使不能夠"消滅"反對勢力，但也無需面對其他混合政體的管治者所要時刻面對的被反對勢力奪走政權的"政治不確定性"。然而，香港的管治精英卻要面對立法會和司法機關實質性的制衡、民意的壓力和在各項選舉中成績欠佳的政治壓力。同時，反對勢力又可以充分利用香港的"自由"成分肆無忌憚地對管治精英進行連綿不斷的政治和人身攻擊，目的不外乎是要削弱特區政府的管治威信和能力，以及迫使中央讓香港走向全面"西方式"的民主化。

　　從比較政治的角度看，一個國家或地區的政治形態並非完全由它的憲制架構或制度因素所決定，還得要看當地的政治環境。同一種政治體制在不同的社會中會呈現出不同的運作方式和結果。同樣地，在同一個政治體制中，不同的政治領導人，基於他們不同的政治能量和目標，也有能力讓那個政治體制，以不同的方式運轉，並產生不同的政治結果。以此之故，香港的獨特的政治形態不是完全由香港的混合政體的制度性安排決定,其存在和運作方式還會受到其所處身的政治環境的影響。如果單從制度性的安排來說,比如基本法規定的政治體制,很容易便推斷出香港的"行政主導"政體在回歸後,不可能面對嚴峻的管治困難、政治傾軋不斷和政局不安,而且由此而產生的政治僵局又難以打破的局面。當然,除了政治環境因素之外,香港回歸後屢受國際金融危機的衝擊、經濟增長差強人意、產業結構過於狹隘、貧富懸殊加劇和各類社會問題突出等經濟和社會因素也對特區政權的管治帶來相當的困擾。反過來說,由於回歸後香港的管治不濟,那些經濟和社會問題因而更難得到妥善處理,所以持續惡化。不過,由於本書的重點在於分析那些根本性和長期性的政治環境因素對香港的"自由威權政體"的運作的影響,所以雖然我不會輕視經濟和社會因素的重要性,但它們始終不是結構性和長期性政治因素,因此不是本書的探討重點。

就其對香港的混合政體的運作產生最重要的影響者而言,香港回歸後的政治環境中具有關鍵性作用的因素有:中央的角色、港人對中央的態度、新政權建設的艱鉅性、管治精英和反對勢力的政治鴻溝、外部勢力的參與、司法機關的態度、公民社會的擴展、"第四權力"的冒起等。這些政治因素的主要作用在相當程度上影響着香港的混合政體的實質運作方式,和由此而衍生出來香港的獨特政治形態。

中央的角色

如前所述，中央是香港的"自由威權政體"和相關的政治遊戲規則的首要制定者，所以在憲制和制度層面上中央對香港的政治環境和政治形態的形成至關重要。另外，中央對香港特區行政長官和主要官員有實質任命權，而行政長官和主要官員又要對中央負責，因此中央可以通過行政長官和主要官員的任免和監督貫徹中央對港的大政方針（劉兆佳，2015c）。中央除了享有對香港的主權外，在香港管治過程中其實也有屬於治權的權力。例如，人大可以藉不符合基本法為由，否決立法會通過的法律；人大可以解釋所有基本法條文，包括屬於香港特區高度自治範圍的條文；中央有權向特首發出指令，而那些指令沒有清晰限定在那個範圍之內，理論上可以包括香港的內政；解放軍可以在極端情況下參與維持香港的治安和協助救援工作；在極端情況下全國人大常委會可以宣布香港進入緊急狀態等。

事實上，中央在香港特區擁有強大的政治和物質賞罰能力。作為香港"宗主國"的中央政府，中央自然而然在不少港人心目中享有崇高的威信和地位，即使他們對中國共產黨仍心存疑慮。中央也擁有強大的物質和非物質資源可以作賞罰用途。不少香港的精英分子渴望獲得來自中央的精神上、物質上或地位上的獎賞，這些都是中央賴以統戰香港社會精英的法寶。即使一些反對派人士對來自中央的獎賞亦趨之若鶩，不過不宜宣之於口而已。自從上世紀八十年代初香港前途問題出現以來，不少香港精英分子轉向中央輸誠，其中包括部分殖民政府倚重的主流精英。再者，中華人民共和國成立前後，中國共產黨在香港早已擁有為數不少的、忠心耿耿的支持者，並建立了為數眾多、對中共效忠的各類教育、工會、新聞、文化、工商和社會團體，他們共同構成中央在香港回歸後的不可小覷的群眾基礎（Lam & Lam, 2013）。誠然，這個群眾基礎在香港不算廣闊，更不能廣泛代表主流民意和中產階層，但在議會選舉中仍發揮着重要的輔選作用。支持中央的群眾傾向擁護或投票予中央屬意的管治精英，從而中央對行政長官和議會選舉的參選者的態度對有關人士的選情事關重大。因此，除了提供必需的物質和非物質資源外，中央對香港精英的統戰工作也得益於中央能夠調動的龐大群眾資源。

然而，在這個混合政體的實際操作過程中，中央的角色卻相對有限。中央的盤算是，既然那個"自由威權政體"已經賦予了特區行政長官和行政機關巨大和廣泛的權力，則特區的強勢和有效管治便理應獲得了相當的"憲制性"保證，因此中央亦無須過度參與或介入香港的政治事務，況且在尊重香港特區的高度自治的大前提下，中央也不適宜過多的"干預"香港的事務，否則會引來中央損害"一國兩制"的批評，不利於贏取港人和國際社會對香港的信心。所以，在應否和如何介入香港內部事務上中央一直小心翼翼，能夠不出手便不出手，所以內地才有"不管就是管好"的帶有諷刺成分的說法。

然而，"愛國力量"或建制派在回歸後仍然無法有效駕馭香港的政局，並長期受到反對勢力的連番猛烈攻擊。相對於反對派，由於歷史原因和過去殖民政府的遏制，建制派陣營雖有一定的擴大，但它的群眾基礎仍然頗為薄弱和狹隘。香港回歸後雖有二十年之久，但建制勢力在香港仍未能牢牢執掌香港特區的"新政權"、沒有廣闊的社會支持基礎、不具備堅強能力去駕馭香港的政治局面和實現有效管治。所以，現實情況是，就全面和準確落實中央的"一國兩制"方針和體現鄧小平先生的"愛國者"治港的目標而言，香港特區仍有漫長的的路要走。

在這種不理想的情況下，儘管香港實施"港人治港"和高度自治，但為了確保"愛國者"或建制派人士治港、防止那些對"一國兩制"有"另類詮釋"的反對勢力在政治上取得優勢，從而避免"一國兩制"的實施出現"變形"、"走樣"，和國家與香港的利益受損，中央遂不得不在壯大、團結和協調建制派等重要政治工作上承擔積極甚至關鍵角色，而在工作過程中，商界精英尤其是重點的統戰對象。與此同時，中央對反對派則採取孤立、排拒和有選擇性招攬的策略，對他們提出的中央無法接納的政治要求消極對待，與他們維持有限度的接觸，並爭取他們的成員、支持者和同情者改變態度，從而削弱反對勢力的政治能量。中央也積極發動輿論和民意對付反對派、成立與反對派抗衡的組織和媒體、並勸諭商界人士減少對他們在經濟上的支持。不過，在"一國兩制"下，又鑑於香港的混合政體內藏有龐大的"自由"成分，中央實際上沒有強而有力的法律和鎮壓手段來"取締"香港的反對勢力，主要還是利用有限的政治壓力在一定程度上縮減他們的政治能量而已。

由於中央在保證"一國兩制"方針的全面和準確落實上，

必須承擔最終和不可推卸的責任,因此中央這些介入香港政治
事務的做法無可厚非,也實屬迫不得已。即使面對不同方面的
責難,中央也只能夠"硬着頭皮"、"迎難而上"。當然,不可
避免地,中央的行動招致反對派和部分港人的嚴厲批評。他
們指控中央不適當插手香港"內政",破壞"一國兩制",扭曲
"港人治港"、削弱香港的高度自治,不公平地偏袒建制勢力和
打壓反對派、意圖對香港進行政治控制,因此是激化香港的政
治矛盾、撕裂社會、製造中央與特區衝突和導致各種"分離主
義"抬頭的"罪魁禍首"。他們相信,為了確保建制勢力能夠
長期掌控特區政權,中央不惜肆意打壓香港的反對勢力、拖慢
香港的民主改革進程和窒息港人的民主訴求。

具體來説,在強化"愛國者"治港的大前提下,中央對香
港特區行政長官和特區政府給予大力和慷慨的支持,並在議會
選舉中對建制勢力提供龐大的協助。中央不時公開肯定行政長
官和特區政府的工作,敦促香港各界給予他們全力支持,並積
極和全面應允特首向中央提出的要求,尤其是那些讓香港可以
分享國家經濟發展的紅利的政策要求,但也包括一些與推動政
制改革的建議。中央的一系列惠港政策對促進香港的經濟發展
有明顯的效用,對穩定特區政府的管治有一定的幫助。那些政
策其實也讓香港在國家發展過程中發揮它的獨特優勢,當然也
對推進國家發展有利。[15]

---

15 內地和香港總有些人把中央的"惠港"政策揶揄為向香港"送大禮"或"輸血",忽
略了內地與香港的"互利共贏"和"優勢互補"的關係,也嚴重低估了香港在國家
發展的不同階段中能夠憑藉其獨特優勢所能作出的不可取代的貢獻。

在香港的立法會和區議會選舉中，中央的支持和配合對建制派的選情有顯著的幫助，尤其在區議會選舉和立法會的地區直選。建制派在中央的支持下擁有龐大的物質資源。建制派人士因此得以調動大量資源在地區上為居民提供各種物質援助和服務，從而在區議會的選舉中佔有優勢。然而，在立法會的地區直選中，由於選民尤其是中產選民較為看重候選人的政治立場，並希望立法會發揮制衡和監督特區政府的作用，因此建制派候選人往往處於下風，但中央的統籌和協調仍有助於縮窄建制派和反對勢力的力量差距。為了在立法會選舉中贏得好成績，減少反對派人士在立法會內的數目和比重，中央在緩解建制派的內部矛盾、擬定出選名單、提供選舉經費、引導選民投票和配置其他資源方面擔當重要角色。不過，中央此舉對建制勢力的選舉成績雖有一定幫助，但迄今尚未能讓建制派的候選人在立法會地區直選中拿到大部分的選票和議席，反而被反對派和部分港人批評為損害香港的高度自治和議會選舉的公平性。

大體而言，香港的混合政體的"自由"部分讓香港的反對勢力有相當廣闊的生存和發展空間，即使他們在可預見的將來絕對沒有上台執政的機會。中央雖然積極扶持建制勢力，但在基本上尊重"港人治港"和高度自治及遵守香港的法律法規的大前提下，中央不願意、也不能夠過度介入或塑造香港的政治，不然會引起港人的強烈反彈和國際社會的非議。以此之故，即使在中央的領導、支持和協調下，香港的建制勢力現在仍然是一股鬆散的政治力量，依然相當依靠中央提供凝聚力、思想指導、政治策略和工作方向。另一方面，基於不少港人對中國共產黨心存疑慮，因此對建制派人士也不太信任，中央對建制派的支持反而在一定程度上成為他們贏取公眾好感和信任的障礙。相反，反對勢力則屢屢借助詆毀建制派為中央“唯命是從”的附庸而搶奪民意的支持，而且實際上也取得不少成效。總而言之，儘管中央作為香港的混合政體的設計者對確保建制派的管治精英長期掌控特區政權有利，但在小心翼翼和有限介入香港內部政治的情況下，對改變建制派和反對勢力在香港的力量對比方面則作用並不顯著。

香港的政治鴻溝

作為一個混合政體，香港的—來源於政治立場的巨大和難以彌縫的差異—政治鴻溝之深刻和持久，在世界上是非常罕見的。誠然，在一些國家或地區，我們也可以發現一些難以逾越的政治鴻溝，因此導致不同的政治勢力無法在一個國家或地區之內和平共存，也難以通過妥協和協商來化解問題和避免嚴重衝突。一般而言，那些政治鴻溝通常來自種族、民族、宗教、語言、地域等長期形成的因素，而它們又衍生出不同群體的差異甚大的身份認同。在那些鴻溝的籠罩下，因為認同相異的“與生俱來”或難以改變的身份而出現的身份政治 (identity politics) 不但必然產生無窮衝突，更是暴力政治甚至是殺戮和內戰的溫床。

作為一個由絕大多數華人組成的社會，大量共同的文化、種族、語言、文化、歷史體驗、集體回憶、符號、器物、同宗、同鄉等紐帶將香港塑造為一個同質性 (homogeneity) 相當高的社會。雖然香港的貧富懸殊情況相當嚴重，不同世代之間存在價值觀和利益上的分歧，新移民和原來的居民又有文化和生活習慣上的差別，但這些並非是屬於永久和不能改變的 "身份性" 差異，這些差異就算會引發一些衝突，但卻不會產生無法管控的政治對抗。不過，由於歷史和政治原因，不同港人之間存在一個巨大的政治鴻溝。相當部分的港人分佈在鴻溝的兩方，並成為鴻溝兩邊的建制派和反對勢力的穩定的、可靠的、那怕只是不太強烈的認同者。這個政治鴻溝導致不同人、不同群體和不同黨派之間的發生嚴重對立和衝突。在一些家庭、機構和社群中，人與人之間的關係也因為那個政治鴻溝的存在而遭受損害。

在美國，政治鴻溝在過去幾十年在所有政治和社會領域引發了嚴重的政治對抗。[16] 美國的政治鴻溝來源於政治意識形態的分歧、宗教觀的不同、家庭和性別價值的差異、公共財政哲學的差別、對政府在經濟和社會上的角色和功能的不同認識等。美國政治出現的行政立法僵局、共和與民主兩黨的劇烈對抗、民意的嚴重分化、和美式民主所面對的嚴峻管治危機都與政治鴻溝有密切關係 (Abramowitz, 2010; Mann & Ornstein, 2012; Hetherington & Rudolph, 2015; Hopkins & Sides eds., 2015;

---

16 事實上，應該說種族問題才是美國最突出的政治鴻溝，但它觸發的主要是社會衝突，在政治上雖然有時導致政治衝突甚至內戰（南北戰爭），但種族問題卻不是造成美國近幾十年來的政治對抗和僵局的重要原因。

Persily ed., 2015)。[17] 不過，美國的政治鴻溝出現的歷史不算長，將來說不定還會朝好的方向出現變化。

與美國相比，香港的政治鴻溝看來歷史更長，更根深蒂固。這個鴻溝的形成甚至可以追溯到中華人民共和國建國之時。它在可見的將來還會繼續存在。這個政治鴻溝來自不同港人對中國共產黨的政治態度，是信任、認同、支持和合作，還是懷疑、否定、反對和對抗。我在上文提到在中華人民共和國成立前後，為數不少的港人是中共的忠實認同者和擁戴者，也服膺中國共產黨的愛國和革命理念，部分被泛指為"左派"的人士更因為被殖民政府懷疑和打壓而付出沉重代價。這些人無論是否贊同社會主義，但都高度肯定中國共產黨在維護國家主權、領土完整、民族獨立和國家富強等方面的貢獻。部分人則出於對殖民統治的反感而認同中國共產黨的民族解放和反對帝國主義的政治主張。香港前途問題出現後，很多港人尤其是精英分子出於種種原因（真誠擁護、政治投機、現實考慮、物質利益、地位獲取、權力爭奪）紛紛向中央示好，結果是支持中央的對港方針和願意與中央合作的人大為增加。不過，那些支

---

17 根據艾布拉莫維茨 (Abramowitz) 的分析，不但美國的政治精英之間存在嚴重分化對立，美國人之間的政治隔閡也非常明顯和深刻，尤其是那些在政治上最為投入的人，而政治精英則代表那些公眾中最投入政治的人。"事實上，今天美國政治的一個最重要的特徵不單是不同政黨在那些火熱議題上（比如醫療改革）分歧嚴重，而是分歧出現在一大堆議題上。在一個議題上持正面立場的，也會在其他議題上持正面立場，相反亦然。"（Abramowitz, 2013:12）此外，"民主黨和共和黨的選民在意識形態上的鴻溝越來越大，其政治重要性之所以愈趨嚴重，是因為這個鴻溝也存在於那些政治投入程度最高的人當中，這些人在選民之中具有影響力、對政治過程的興趣、知識和參與程度也最大。"(Abramowitz, 2013:43) 不過，亦有部分美國學者認為美國人的兩極分化程度其實被過分誇大（Fiorina et al., 2011）。

持和認同中央的精英和群眾共同構成的社會基礎還是偏窄，未能突破性地改變香港的政治格局。相反，對中國共產黨懷有不同程度恐懼、懷疑甚至逆反態度的人在香港仍屬大多數。之所以是這樣的原因其實不難查明。首先，不少港人過去是因為逃避中共的管治、或者因曾在內地遭受政治迫害才跑到香港來，這些人和他們的後裔對中共有難以磨滅的恐懼和怨恨。誠然，中國共產黨在改革開放後在建設富強中國上取得佳績，而不少反共人士其實又有濃烈的家國情懷，因此這類人對中國共產黨的態度遂轉趨複雜，但仍然難言對中共存在足夠的信任。第二，香港不少人接受了大量的西方的價值觀和宗教信仰，特別是精英階層內有不少基督教徒和天主教徒，因此在政治“本能”上排拒共產主義和任何形式的威權管治。這些人不接受中國的“一黨專政”或中國共產黨在中國執政的事實。部分人尤其是反對派人士甚至企圖以香港的“一制”給予他們的權利、空間和“保護”改變內地的政治體制和狀況。對這類人來說，西方民主政體才是中國政治發展的出路，因此渴望中國出現“和平演變”，從而結束中國共產黨在中國的統治。第三，在漫長的殖民統治時期，英國人雖然願意讓傳統的中國文化和社會習俗在香港存在和發揚，並相信此舉對維繫殖民統治有利，但卻處心積慮不讓中國民族主義和愛國情操在香港發酵。因此，儘管英國人沒有像法國人般要對殖民地人民進行同化工作，但卻嚴防來自中國的民族主義或反帝反殖主張在香港蔓延。英國人在香港的殖民統治尤其注重以直接和間接方式宣揚反共意識，務求讓港人鄙視、排斥和憎恨中國共產黨，甚至對內地同胞也採取傲慢和自大的態度。這些思想灌輸工作並非以大張旗鼓方式進行,而是以潛移默化、潤物細無聲的方法推動,尤其倚重香港眾多的反共媒體和大批對中共有成見的教師來進行。在香港前途問題出現後,英國人強化了這些方面的工作,就連殖民政府的官方媒體也加入反共和拒共的行列。第四,一直以來,大量反共媒體和勢力在香港運作,並發揮了巨大的影響力。他們不斷通過偏頗報導與評論來醜化和抹黑中國共產黨、誇大內地的問題貶低內地的成就,和離間港人與內地同胞的關係。回歸後,那些媒體和勢力在香港的自由環境下沒有明顯收斂,有些時候甚至比回歸前更加囂張。1989年發生的"六四"事件便"經久不衰"和"薪火相傳"地被用以攻擊中國共產黨(Lee & Chan, 2013)和延續香港部分年輕人對中共的仇視的利器。第五,回歸後,港人雖然大體上認為"一國兩制"實施有效,而中央亦善待香港,但內地不時出現的涉及人權、自由、法治和貪腐的事件被反共人士和香港的反對勢力大肆扭曲和渲染,讓部分港人對中國共產黨產生不滿,並因此對中央、特區政府和香港的建制派亦衍生逆反心態。第六,部分年輕人因為缺乏歷史觀和家國情懷,與內地的社會聯繫也甚為稀薄,而且在殖民統治最"開明"的時期出生成長,接受了不少西方的思想,自我中心和反權威心態強烈,對中國共產黨懷抱明顯的抵觸情緒,對內地發生的一些事物反感,有時甚至演化為反對中央的行動。在國民教育缺位、部分老師在學校宣揚反共意識的情況下,縱然香港的年輕人從來沒有經歷過、"目睹"或聽聞過新中國建國以來發生的各種政治鬥爭,但他們卻仍然視中國共產黨為寇讎，對新中國取得的巨大成就不屑一顧。尤有甚者，小部分年輕人否定自己的中國人身份，並鼓吹"港獨"和"自決"作為香港的出路。第六，"一國兩制"方針旨在通過基本法以法律方式和權力保存香港在八十年代的"現狀"，當然也包括香港原來的資本主義體系中的不合理和不公義的情況，但對維繫港人對香港前景的信心而言卻是無可奈何之舉。然而，這個現狀對部分港人特別是年輕人來說越來越不可接受，認為利益格局"固態化"會減少努力奮鬥的人的"向上流動機會"。不滿現狀的人無疑會遷怒於中央，也會對"一國兩制"抱怨。第七，由於香港仍然有不少人對中央堅持對抗姿態，中央便難以放心讓香港走向全面民主化。全國人大常委會就普選行政長官頒布的"8.31 決定"顯示中央不會容許執意與中央對抗的人問鼎行政長官"寶座"。自然地，在部分港人眼中，中央"背信棄義"、違反承諾，阻撓香港民主進程，由是他們更加怨懟中央。第八，香港與內地關係密切，兩地同胞接觸日多。中央為了促進香港的經濟發展，陸續制定和推行一系列"惠港"政策，讓香港得以強化與內地的經濟融合，從而使香港得以分享國家經濟發展的紅利，並藉此推動香港產業結構的轉型升級。不過，意料之外的是，兩地同胞因接觸增加反而產生摩擦和誤解，而部分港人又因為分享不到經濟紅利或感到利益受損，反過來對中央和內地同胞有怨言，甚至認為兩地應該避免過度"親密"。凡此種種，儘管"一國兩制"大體上落實，港人在回歸前的擔憂和恐懼大為舒緩，而中央對香港又愛護有加，而且不會輕易插手香港事務，但不少港人對中央的對抗心態仍然揮之不去,少數年輕人更以激烈言行來不斷挑釁中央。那些極端分子甚至否定自己的"中國人"身份和鼓吹香港脫離中國。第九,幾年前開始,中央有感在不干預的政策下,中央在香港對"一國兩制"的詮釋的話語權日漸低落,而不少港人受到反對勢力的影響傾向從"香港乃獨立政治實體"的角度理解"一國兩制",使得"一國兩制"的實施出現嚴重偏差(劉兆佳,2015b)。為了"撥亂反正",中央高調重申和講述"一國兩制"原來的初心、目標和內容,在重申中央的"一國兩制"方針不會改變的同時,強調中央在"一國兩制"下擁有對香港的全面管治權和申明香港的高度自治來自中央的授權(劉兆佳,2016b)。中央對"一國兩制"的闡釋使不少港人感到詫異,並在香港社會引起反彈,部分港人懷疑中央矢志全面操控香港,擔心港人治港和高度自治將會不保。反對派和外部勢力乘機推波助瀾,使中央和特區關係陷入緊張的局面。

簡而言之,內地和香港不少人原本以為香港的政治鴻溝會隨着"一國兩制"的落實和中央對香港關愛有加而逐步縮窄,因而"人心回歸"指日可待,但現實情況卻有向相反方向發展的趨勢。反對中國共產黨的原因由過去的反共和"疑共"心態逐步轉移到對中央處理香港事務的不滿、對特區管治的怨懟、對內地同胞的抵觸情緒、對香港民主發展停滯不前的挫敗感、對香港"一制"不保的心理預期,和對香港前景的擔憂。毋庸諱言,香港的政治鴻溝對香港的混合政體的運作和由此而衍生的政治現象至關重要。

在現實政治上,香港的政治鴻溝主要體現在兩大政治陣營的對壘上。香港的諸般反對勢力站在"反共"和"反中"一方，與"愛國"陣營或建制派的另一方，自上世紀八十年代初便處於嚴重的對立和鬥爭狀態。兩個陣營在香港都擁有一群比較穩定的支持者，而按照過去多項民意調查，這兩群人加起來大體上佔香港的成年人口的一半左右。在兩個陣營之間保持中立或對它們沒有意見或沒有"愛恨情仇"的人不算很多，人們總是對其中一個陣營在感情上偏向多一些。對香港政治影響尤其深刻的，是由於不同陣營之間的政治分歧太大，支持或傾向某一個陣營的人很少改變他們的政治取向，或者對另一陣營採取較為理解和同情的態度，因此要縮小彼此的鴻溝或在兩者之間搭建溝通橋樑極不容易。

在美國，自由派 (liberals) 和保守派 (conservatives) 人士有不同的政治和道德系統，他們各自的政治論述來自他們的各異的道德系統 (Lakoff, 2002:11)，因此政治立場和道德判斷糾纏不清。"保守派人士明白，所謂政治不單是政策、利益和不同議題的爭論。他們知道政治關乎家庭和道德、關於神話 (myth)、隱喻 (metaphor) 和感情的認同 (emotional identification)。"(Lakoff, 2002:19) "對保守派人士來說，自由派人士假如不是不道德、不講情理、理解錯誤、不理性，便只會是明顯地愚昧。"(Lakoff, 2002:27) 保守分子的世界觀的中心是一個"嚴父"(Strict Father) 的模型。相反，在自由分子的世界觀內存有一個"慈父"(Nurturant Parent) 的模型 (Lakoff, 2002:33)。"由於在不同議題上雙方取態各異，因此政黨之爭愈趨激烈，也不少美國人相信那些持相反意見的人不單是立場錯誤，而且簡直是不道德和邪惡的人。跟那些不道德或邪惡的人妥協是不可思議的。"(Abramowitz, 2013:13) 在香港，在相當程度上政治鴻溝其實也是道德鴻溝。建制派和反對勢力各有自己的道德觀，前者建基於對中華人民共和國的認同和對中國共產黨的認可，而後者則從維護個人的權利和自由出發，有時也夾雜一些宗教信念，雙方都認為對方道德敗壞，所以恥與對方為伍。建制派認為反對勢力意圖詆毀國家、輕視民族、搞亂香港、勾結外部勢力、以港人的福祉為"人質"要挾中央，而反對勢力則相信建制派人士純粹為了個人私利、蔑視群眾、阻礙民主發展、而且鮮廉寡恥地對中央阿諛奉承。

　　這兩個陣營之間的政治鬥爭的場合無處不在，因此在香港產生了"泛政治化"的趨勢，即是説幾乎所有社會和思想領域都在不同程度上受到政治的"入侵"。立法會、區議會、街頭、商業機構、民意、媒體、學校和社會組織都成為政治鬥爭的戰場。儘管建制派掌控了特區政權，而且擁有優越的經濟資源，但反對勢力則在民意、媒體、學校和立法會地區直選方面佔優。反對勢力雖然沒有取得執政權力的機會，但他們卻有相當的政治能量、方法和渠道去衝擊中央及特區政府，削弱政府的管治威信和阻撓政府的施政。

　　中央的支持和香港特區"行政主導"的政治體制，尤其是選舉辦法，無疑保證了建制派是香港長期的甚至是永久的管治力量。表面上看，既然建制派享有如此雄厚和優越的政治與經濟的權力和資源，則他們在香港特區的管治理應無往而無不利，然而實情卻並非如此。這與建制派的組織鬆散、內部矛盾不少、民望與認受性不足,及反對派政治強橫和在社會上擁有不錯的支持基礎有莫大關係。

建制派鬆散和分化

1997 年 7 月 1 日,香港長達一個半世紀的殖民統治結束。在這個時刻,除了其公務員架構仍健在外,殖民政權其實已經瓦解,這裏主要指它的領導階層和其華人精英同路人已經不再是香港的管治精英。然而,在殖民政權結束的前夕,殖民統治者卻堅決不顧中國政府的反對推行民主改革,把許多在殖民統治時期沒有政治權力的社會群體和力量釋放和動員起來,又同時積極"製造"一批新的組織。絕大部分那些被英國人垂青的力量的政治立場又往往是反共和親英的。因此,在回歸前後的香港,特區新政權的建設與民主改革其實是同時進行。更為重要的是,民主改革早於香港特區新政權建設完成前已經如火如荼地、在殖民政府的主導下急速推行。更甚者,不同的新舊政治勢力對新政權的形態和結構基於政治立場的不同又有着截然不同的看法,這便使得特區新政權的建設倍加困難。

美國政治學者福山(Fukuyama)對民主化和新政權建設之間的關係有精到見解。他指出:"不同政治現象出現的次序非常重要。在那些民主政體先於現代政權建設而出現的國家,比那些繼承了專制時期的政權架構的現代國家,要達致高素質的管治困難重重。要在民主政治出現後進行政權建設即使有可能,但往往需要動員新的社會力量和需要強勢領袖才能成事。"(Fukuyama, 2014:30) 情況其實很簡單，在新的政權尚未鞏固前，如果已經冒起了大批立場不同的政治力量，它們必然會與舊的政治力量在新政權建設過程中展開你死我活的較量，這樣的話必然會加劇新政權建設的難度。

在英國人一個半世紀的統治下，香港的管治或主流精英可以統稱為殖民地的建制派。這個建制派包括殖民政府的總督、高層公務員和香港的親英精英階層。親英精英階層主要由工商、專業精英和社會賢達所組成，代表香港的上層勢力。殖民地的建制派擁有一些重要特徵：以香港總督為核心、有高度的同質性 (homogeneity)、有清晰的政治遊戲規則、有共同的政治立場和利益、成員之間在政治地位上有高低之分並形成一個穩固的政治等級結構 (political hierarchy)、地位和利益分配按照"論資排輩"或"先到先得"的原則進行、新成員的進入要得到原來的成員的認可和考核、政治"事業"發展遵循循序漸進和"拾級而上"的原則、內部團結性和紀律性甚強、享有廣闊的社會支持基礎、具有龐大的政治戰鬥力、有能力遏制任何試圖挑戰殖民統治的勢力等。這群管治精英在漫長的香港殖民統治中逐步形成，並充當中流砥柱的角色。

儘管中央的"一國兩制"方針強調香港在回歸後盡可能不變，但回歸後的新特區政權卻迄今未能得到一群在能力上和團結性上與殖民地的管治精英相媲美的管治精英的鼎力擁戴和襄助，所以香港在回歸後新政權建設工作其實仍在蹣跚地和艱難地進行。更為麻煩的是，中央對如何建設特區新政權尚沒有清晰的意向，更遑論周詳的計劃和時間表。因此，何時才能完成新政權的建設現在仍未可知。不過,毫無疑問,回歸後香港特區管治之所以困難重重,與強勢和健全的新政權尚待出現有莫大關係。

在西方的政治研究文獻中,無論在獨裁、威權、混合或民主政體,一群強而有力和團結一致的管治精英對能否推行有效管治關係重大。在這裏我先引述幾名西方學者從不同角度對這類管治精英的描述。布朗利 (Brownlee) 對獨裁政體內的管治精英的看法是:"一個獨裁者的管治聯盟究竟是會分崩離析,從而讓反對勢力得逞,或是團結一致,從而不讓反對勢力有可乘之機,跟那些處理精英之間關係和制定決策的各類組織和機制是否存在有關。要防止管治聯盟瓦解,單單依靠一位有政治魅力、倔強和殘酷的獨裁者的個人權威不行。在這方面來説組織因素更為重要,最為常見的是一個能夠主宰國家事務和約束精英衝突的政黨。那些執政黨讓獨裁者的管治聯盟的成員獲得更多的政治權力。它們因此可以把那些為自己利益盤算的領袖捆綁在一起並確保他們繼續效忠。這個過程在兩方面是自我強化的。當那些不同派系的機會主義者在制度上捆綁在一起時,執政黨可以為聯盟成員提供集體好處並藉此把他們往中心那邊拉,從而促使他們摒棄反對派。如果反對勢力無法在執政黨內部拉攏到盟友,它們只會繼續積弱,並在國家的決策過程中被邊緣化。正是因為執政黨的存在,才讓不少非洲、中東和亞洲的政權得以抵擋民主浪潮並繼續存在。" (Brownlee, 2007:2-3) 謝德勒 (Schedler) 則從另一角度闡述精英團結的重要性:"一直以來,在政權研究的文獻中,精英團結被認定為威權政體得以穩定的基石。只要統治精英沒有公開分裂,則要推翻一個威權政權便是不可能的事,即使它明顯是一個弱勢政權。相反,當統治精英公開地相互傾軋不斷時,政權易手便有可能,即使那個政權仍然擁有龐大的鎮壓力量和政治勢力。"(Schedler, 2013:47)邦斯和沃爾奇克 (Bunce & Wolchik) 兩位學者則突出執政黨的不可或缺:"在那些較強的政權中,當權者通過地位穩固的政黨來統治。這正是那些政權比其他政權更耐久的原因之一,當然這也許並非是最關鍵的原因,因為那些政權通常亦具備意識形態的基礎和富有野心的改革計劃。再有,高度制度化的政權又是那些能夠防止統治圈子成員叛變的政權。"(Bunce & Wolchik, 2011:39)還有一些學者強調管治精英內部利益分配的"原則"和機制的重要性。格林 (Greene) 認為:"獨大的政黨在選民的政策喜好中一般站在中間位置。因此,它們得以招攬廣闊的社會群體加盟,從而形成一個包羅有社會的'政治聯盟'。另外,它們也較能夠調解社會矛盾,並能在不同的社會界別之間靈活地分配好那些'好東西'。"(Greene, 2007:45-46) 此外,布恩諾迪梅斯奎達 (Bueno de Mesquita) 等學者則說得更具體:"得勝的管治聯盟一般通過徵稅和支付的方式,讓其支持者各自可以獲得比例不同的公共和私有品,這樣管治聯盟便得以維持。"(Bueno de Mesquita et al., 2003:37) 再者,"得勝的管治聯盟的大小決定了公共政策究竟主要是以'私'主還是以'公'主。"(Bueno de Mesquita et al., 2003:106) 管治聯盟內人數愈少,其成員所能獲得的好處會愈多,相反亦然。因此,如無迫切需要,管治聯盟沒有自我擴大的誘因。

依照政治學者的説法，政治精英是否團結至為重要。即使
在美國這類歷史悠久的民主國家，近幾十年來美國管治之所以
愈趨困難，跟美國的經濟精英內部"分裂"有一定關係。以商
界精英為例，1945-1973 年間，美國的商界精英較願意聯手努
力去處理一些重大社會問題。"[但] 從 1970 年代開始，美國
的商界精英較多關注自己公司的利益，放棄了對重大社會問題
的關注。商界精英對社會承擔的減少是美國在二十一世紀出現
經濟、政治和社會混亂的主因。在較早前的幾十年，美國擁有
一批能夠超越自己公司的短期利益而看問題的大工商集團的精
英，儘管他們並不完美。今天，情況大不相同。今天的商界精
英是一批缺乏組織和能力有限的人。跟他們的前輩不同，他們
不願意也沒能力採取系統性行動來面對自己所屬社區的問題，
更遑論處理大社會的問題。"(Mizruchi, 2013:4)"在美國工商
界的頂端，沒有一群相對團結和溫和務實的領袖。"(Mizruchi,
2013:8) 無疑，大量事例證明，精英階層團結與否，對任何一
個國家的管治都會造成重大影響。

回歸後，隨着"殖民地"的結束，殖民政權瓦解，而承托
殖民管治的殖民地建制派也分崩離析。當失去英國人的政治庇
蔭後，原來的殖民政府的"同路人"也喪失了他們的"主子"、
政治權力和地位，只能依靠他們本身擁有的財富和事業成就來
維繫一定的社會尊重。部分人則成為"識時務者"的"俊傑"，
轉投中央的懷抱。香港的高層公務員一向深得港人的器重，但
同樣地因為失去英國人這個靠山而風光不再。然而，由於在中
央的"一國兩制"方針下，不少原來殖民政府的同路人特別是

高層公務員都可以加入香港特區的管治精英的行列之中，並因此在相當程度上得以保留權力和地位，但由於他們轉換了政治效忠對象（即從英國政府轉到由中國共產黨領導的中國政府），他們在港人的心目中得到的信任和尊重也隨之而有虧損，難復"當年之勇"。另外，即使這些人在回歸前後向中央輸誠，但始終由於出身背景、原來的政治立場和飽受西方價值觀熏陶的關係，這些人也很難衷心認同中央的政治主張、誠摯效忠中共政權和處處以國家民族為重，因而他們與中央的關係基本上是一種"利害關係"，帶有許多功利主義和機會主義的考慮，因此難以達到推心置腹的境界。

然而，儘管中央在回歸後的香港對過去殖民政府的同路人相當倚重，並借助他們來維繫港人對中央和香港的信心，但由始至終對這些人存有疑慮，難以絕對放心。而且，由於香港回歸意味着"改朝換代"，中央不能不在特區的管治精英中安插一些中央能夠信任的人，更不能讓那些在殖民政府遏制下仍然堅定追隨中國共產黨的傳統愛國勢力，繼續被排除在香港的政權之外，所以回歸後香港的管治精英也包含了一些長期以來與"殖民地"的管治精英對立的傳統愛國人士。更麻煩的是，回歸前夕中英鬥爭熾烈，殖民地的管治精英和傳統愛國人士無可避免地也捲入了那場鬥爭中去，由此在彼此之間造成的恩怨迄今仍在。這些傳統愛國人士在董建華和曾蔭權的政府內只擔當小夥伴的角色，但在梁振英政府中因為梁振英的愛國背景卻勢力大增。不過，無論是小夥伴或更重要的角色，傳統愛國勢力與殖民地時期殖民政府的同路人之間都存在難以克服的互不信任和相互鄙夷的情況。隨着傳統愛國力量在梁振英政府內影響力的上升，他們與主流精英的摩擦也隨之而激化，從而使梁振英面對極大的管治困難。

殖民政府的同路人與傳統愛國勢力在建制派中貌合神離地並存，已經令建制派內部難以凝聚。讓建制派更為分化的是部分親北京的勞工和基層勢力也加入建制派。新中國成立前後，中國共產黨揭櫫為無產階級謀幸福的政治理念，在香港的勞工和基層工作上取得不俗的成績，而不少基層人士和工人亦是回歸後中央在香港的堅定支持者，因此讓他們的代表加入管治精英行列是理所當然的事，當然中央也希望回歸後的香港管治精英能夠包容不同社會階層的利益。然而，階級矛盾在香港特色的資本主義社會內頗為突出，而過去幾十年來不斷擴大的貧富差距又進一步拉開彼此之間的分野。在建制派內要協調好他們之間的利益殊不容易，尤其是當涉及到勞工權益和社會福利的政策的時候，因而階級矛盾也是建制派鬆散和分化的重要原因之一。

在管治精英之內，香港特區政府的領導人和社會與經濟精英之間又沒有從屬的關係，而彼此的合作關係也不牢固。我們甚至可以說他們分別屬於"兩張皮"，各有自己的利益和打算。行政長官和他的管治班子既瞧不起建制派黨派，又不願意與他們分權或充分照顧他們的利益和訴求。高層公務員繼承了前輩的精英傲慢心態，所以他們當中有此想法的人亦大不乏人。特區政府相信單靠自己的權力和政治能力便能左右民意，並借助民意壓力迫使建制派以至反對派政黨支持自己。行政長官也知道中央對政黨政治有顧慮，因此與建制黨派走得太近也不是好事。同樣地，建制派黨派則為了選票而不欲與行政長官和政府靠得太近，尤其是當行政長官民望低沉時。建制派政黨又認為即使與特區政府共同進退，特區政府幹得好的時候，港人也只會歸功於政府而不會讓建制黨派"領功"。相反，如果政府工作失誤，則作為它的支持者的政黨也難辭其咎。所以，特區政府與建制派精英難以建立起長遠的和強固的合作關係，更難形成"政治利益和命運共同體"。當行政長官覺得自己擁有中央的鼎力支持時，與其與建制派黨派進行政治交易及"浪費"公共資源來換取它們的支持，他反而傾向請求中央向建制派黨派施壓，迫使他們在違背自己的利益和立場下支持特區政府。如此一來，建制派黨派對特區政府便更為反感，並對中央"偏愛"行政長官大有微言。

立法會內的建制派議員需要維繫自己的選民對自己的支持，不一定願意接受特區政府的政策和決定，有些時候甚至與特區政府翻臉。由於特區政府的領導人和建制派的 [立法會和區議會] 議員並非是一個統一、強大和團結的執政黨的成員，沒有共同的長遠利益，缺乏嚴明的紀律，缺少共同擁戴的領袖，因此難以共建"政治命運共同體"或"利益共同體"。特區領導人往往只能與建制派議員針對個別事項做短期或一次過的政治交易，雙方都沒有長遠承擔。在這種情況下，特區政府要在議會內或在社會上擁有穩定、可靠和長期的社會和經濟精英的支持便非常困難。

由於回歸後新的建制派形成的歷史很短、內部不同勢力的

"山頭主義"思想普遍，在沒有眾望所歸的領袖的情況下不同建制派的頭面人物都有"大家平起平坐"、"誰也不服誰"的"自我膨脹"心態。建制派領袖之間固然沒有形成一個共同承認的地位和等級結構，因此難以通過上級指揮下級、下級服從上級的制度來領導和協調建制派勢力。再者，如何在建制派人士中設立一套他們覺得"公平"和"合理"的分配利益、權力和地位的準則和機制又是一個尚待解決的難題。另外，如何讓建制派人士相信長期留在建制派陣營，對它進行長期政治投資，並不斷為它作出貢獻是他們的最佳政治選擇，在執政黨缺位的情況下，更是不容易處理的事。

高層公務員是殖民政府極為倚重的管治力量，也是"殖民地"管治精英的核心。經過英國人的小心招募、精心培訓和思想灌輸，高層公務員不但懷抱濃烈的反共和親英意識，更有強烈的精英傲慢心態。儘管中央對他們讚譽有加，並容許他們全體過渡到特區政府擔任要職，但他們當中仍有一些人對於轉移效忠對象心存抗拒，對那位由中央任命的行政長官不時有陽奉陰違和公然抬槓的事例。特區政府內部的機密文件和消息不時被洩露予媒體，讓媒體得以攻擊行政長官和他的政策，正好反映部分官員對新政府和行政長官的抵觸情緒。曾蔭權特首來自原來的公務員系統，與高層公務員的關係較好，但由於政治身份的改變，即使他在駕馭公務員隊伍時仍然要面對不少困難。董建華和梁振英尤其是後者與高層公務員的關係較為緊張，這與他們的親北京背景和用人、處事方式有關。董建華和梁振英相信政府在經濟事務上應該有所作為，這便讓他們與一直信奉小政府和積極不干預信念的高層公務員有拮抗。2002 年，董建華引進了主要官員的政治任命制度，實質效果是削弱高層公務員的權力和地位，此舉更讓高層公務員氣憤，並從此引起公務員和政治任命官員之間的矛盾。誠然，隨着時間的過去，公務員也逐漸接受了政治任命官員的制度，但他們與他們的政治任命的上司的關係仍然存在張力，尤其是當他們瞧不起他們的上司的資歷、學識和能力的時候。無論如何，回歸後一些傳統愛國人士、親北京精英和政府外面的人才加入了特區管治精英的行列，他們與高層公務員之間的摩擦是建制派鬆散分化的原因和另一標誌。

　　誠然，建制派的共同點是他們都擁護中央，並希望得到來自中央的政治或物質酬庸與獎勵。中央對這些人在經濟上、地位上和精神上有不同程度的賞罰能力，所以在中央的努力下才使得建制派不致過於分化和內訌，能夠勉強維持某種"聯合陣線"。在建制派內，中央發揮了團結、領導、動員、招募人才、維持紀律和促使成員們不要離開或背叛建制派的重要作用。不過，鑑於中央比較着重被招攬或"統戰"人士的政治忠誠度和可靠性，建制派的背景和社會支持基礎不算廣闊，過分倚重那些與內地有生意往來的商人、左派社團的負責人和那些被港人視為親北京的精英，而為數眾多的獨立中產階級的專業和行政管理精英所得到的重視則頗為不足。再有，由於各種政治顧慮，中央從來沒有打算要開展一項中央必須發揮主導作用的組建執政黨的巨大政治工程，寧願讓建制派停留於不同黨派和勢力林立的狀態，從而避免出現一個強大的、能夠挾群眾向中央"叫板"的政治組織。因此,中央對建制派的凝聚作用也不算太大,只能勉強讓他們形成一股對反對派有一定的戰鬥力的"政治網絡"而已,但卻沒有花費巨大氣力讓他們累積足夠的政治能量去駕馭香港的政治形勢、壓倒反對勢力和實踐有效管治。

回歸後的建制派既有原來從殖民政府的同路人歸順過來的經濟和專業精英,又有他們的死對頭的親共人士;既有商界和專業界的精英,又有代表勞工和基層利益的領袖。再者,隨着英資勢力下降、內地資本勢力日盛、美資野心勃勃和香港本地財團之間的爾虞我詐,經濟和專業精英內部分化和矛盾嚴重,在群龍無首下缺乏凝聚力。年輕一輩的經濟和專業精英在事業發展上的機遇難以與上一輩相比,又認為老一輩精英阻礙他們的上進,因此對老一輩的精英既嫉妒,又埋怨,遂在經濟和專業精英內部滋生了世代之爭。

與殖民政府相比,香港特區政府及公務員在駕馭經濟精英和協調他們之間的利益的能力大為萎縮,反而容易因為決策稍有差池而被指責向個別財團輸送利益或淪為"官商勾結"。另外,中央雖然擁有龐大權力和利益分配能力,也比特區政府更有辦法處理好不同資本之間的矛盾,但在不干預的大原則下,況且中央又不想予人中央偏袒中資的印象,所以也沒有認真積極去擔負這個"主導"角色。

在日本,長期執政的自民黨之內其實也存在不同政治和政策立場的派系,但自民黨卻成功逐步建立了一種讓不同派系輪流執政的制度。這個制度的好處是不單可以有效解決不同派系之間的矛盾，保持黨內的團結，也可以通過讓不同派系上台來舒緩國民對自民黨的不滿 (Calder, 1988)。香港特區的建制派卻沒有這種機制。在董建華和曾蔭權時期，主流精英是特區管治的支柱，頗引起傳統愛國人士的嫉妒，導致彼此合作困難。在梁振英時期，因為梁振英的親北京背景，傳統愛國力量抬頭，但卻又在一定程度上遭到主流精英的抵制。兩個陣營的精英的輪替並非來自制度的安排，而是與誰當行政長官有關，這始終不是有效處理建制派的內部矛盾的妥善辦法。

直到今天，香港建制派的內部矛盾和分化仍然是建制派難以強大起來的原因。儘管基本法賦予建制派相當廣泛的權力，但當建制派不夠團結，而他們又得不到港人的高度信任和支持的時候，要充分、有效和果斷運用那些 "憲制性" 權力便十分困難，弄得不好的話甚至容易被人批評為弄權和濫權，反而會進一步打擊管治精英的威信。回歸後特區政府在行使權力時經常畏首畏尾，並往往有權而不用，便是建制派鬆散分化、內部矛盾、威信不足和彼此利益難以良好協調的結果。

反對勢力強悍

"反對派" 在政治學裏泛指那些沒有執政權力的 "在野" 政治勢力，本身並無褒貶之意。在香港，與建制派一樣，反對勢力的構成也非常龐雜，包括泛民主派、反共人士、部分前殖民政府的同路人、社會運動分子、壓力團體、福利主義提倡者、反共媒體、"本土分離主義" 分子、"港獨" 分子等，其中以泛民主派勢力最大。他們的政治主張雖有差異，但共同點是不接受中國共產黨、不認同國家的政治體制、對中央採取對抗姿態、對"一國兩制"有截然不同的理解和詮釋、對香港特區政府抱持對抗心態、並主張香港以最快速度走向全面西方式的民主政制（劉兆佳，2015b）。

為了釐清香港反對勢力的本質，並方便對將來對香港政局發展的分析，在這裏我認為有需要引入"忠誠的反對派"和"非忠誠的反對派"兩個政治概念（劉兆佳，2015d）"忠誠的反對派"(loyal opposition) 一詞來自英國，意指那些雖然在野但仍然矢志效忠英國君主和衷心承認現行政治體制的勢力，當中的核心乃英國國會內的反對黨。一些西方政治學者認為"忠誠的反對派"這個概念無需局限在英國政治的研究上，對探討其他國家的政治情況也十分有用。

在香港，"非忠誠的反對派"指那些不承認現有體制的在野政治勢力，他們的目標是要推翻現有的政治體制並以另外的體制取代之，而且矢志與現有體制割裂，並拒絕參與其中。"忠誠的反對派"指那些承認現有體制的在野政治勢力，他們願意在現有體制內爭取政治權力，並希望取得執政的機會，從而成為執政派。"半忠誠的反對派"指那些基本上不承認現有體制，但仍然願意通過競選和委任渠道參與其中。他們明知在現行体制 沒有機會成為執政勢力，卻竭力發動體制內和體制外的力量來推翻或大幅改變現有體制，好讓自己有執政的可能。"半忠誠的反對派"由於徘徊於承認和不承認、參與和不參與現有體制之間，他們的政治行為往往流於自相矛盾、言行不一、方向模糊，容易陷入非理性化和情緒化的窠臼，也容易被"非忠誠的反對派"人士揶揄和攻擊。

　　"非忠誠的反對派"在香港的人數其實非常少，而且並不顯眼，原因是既然他們堅持在香港的政治體制外運作，目標在於推翻該制度，所以拒絕參加任何選舉，也不接受任何政治任命，則他們便難以獲得公眾的關注，也難以取得政治影響力。假如一定要找尋"非忠誠的反對派"，則非鼓吹"港獨"和"自決"的人莫屬，但那些人的人數極為有限，基本上得不到港人的認同，就連主流的反對派人士也往往不值其所為，但卻又擔心被他們拖累。

　　以此之故，絕大部分的香港反對派人士實質上應歸類為"半忠誠的反對派"。"半忠誠的反對派"雖然積極參與香港的行政長官、立法會和區議會的選舉，接受特區政府委任進入各類諮詢和法定組織，並領受特區政府頒發的勳章，可是他們仍然否定中央、特區政府和香港政治體制的認受性。雖然基本法已經規定了香港最終普選行政長官和立法會，但"半忠誠的反對派"卻聲言除非香港特區採納他們提出的"真普選"辦法，否則他們不會在此之前承認行政長官和立法會的"認受性"。無論是參加行政長官選舉或議會選舉，"半忠誠的反對派"參選的目的都有雙重性，即一方面要贏得職位或議席，另一方面則藉機指控現行政治體制的不公和提出改變現有政治體制的要求。香港的選舉對反對勢力而言因此有雙重性質：即使是普通的選賢與能的選舉，也被界定為帶有改變／推翻／衝擊現有制度的目的和含義的選舉。

正如謝德勒 (Schedler) 所言，"儘管反對派政黨參與到選舉競爭的遊戲中去，它們仍得關注制度層面的東西。它們一方面要在選舉中爭取人心以贏得選票，但另方面它們仍然要致力推動政制改革。"(Schedler, 2013:119) 即是說，反對勢力既要在現有的選舉遊戲規則內爭奪議席，但同時又要為改變遊戲規則而展開政治鬥爭 (Schedler, 2014:112)。當然，儘管反對勢力覺得自己在改變那個不公平的選舉遊戲上能力有限，但他們也願意承認現行選舉制度有一定的開放性和民主成分，因此相信可以通過參選和加入政治體制，同時結合政治體制外的反對勢力來逐步推進香港的民主改革。[18] 另有一些反對派人士願意加入政府當官或接受政府委任進入諮詢委員會與法定機構，認為如此一來可以取得一些管治權力／經驗和影響公共政策的機會，但卻往往因為"過度"了解施政困難和被迫與既得利益者妥協而開罪原來的支持者。[19] 同樣地，儘管反對勢力參與選舉活動和接受特區政府的邀請出任公職，但卻仍然在政治體制內外發動各種各樣的旨在打擊特區政府和建制派的行動，希望借助這些行動來迫使中央改變香港的政治體制，讓他們有執政的機會。

18　其他威權國家的反對派之所以願意積極參與選舉的理由也大致相同（Lindberg, 2006）。

19　"很清楚的是，社會運動領袖和政府領導之間存在無法避免的角色衝突。那些仍然在社會運動工作的人會堅持動員群眾並以此向其支持者顯示其能力和存在價值。那些參與管治工作的人則必須對其行為負責，而且往往無法履行他們過去當社運領袖時曾作出的承諾。由於種種制度上的限制，那些新領袖的 [政策] 選擇經常與來自下面的要求發生衝突，從而導致 [其過去的戰友] 對他們不信任和作出背信棄義的指控。"（Grodsky, 2012:25）

從另外一個角度看，“半忠誠的反對派”雖然不斷表示他們接受中央提出的“一國兩制”方針政策，但卻蓄意從“香港乃獨立政治實體”的立場出發，對“一國兩制”作出“另類詮釋”。其中的主旨是實際上不承認中央對香港的管治權力，最具體的表現是不願意接受人大釋法乃“一國兩制”下香港特區的法律制度的一個重要的、合法合憲的組成部分，而且大肆批評人大釋法乃中央濫權、破壞香港法治和損害香港司法獨立之舉。他們堅持推翻國家最高權力機構（全國人大常委會）對香港行政長官普選辦法的“8.31決定”。他們視基本法第23條為“惡法”，反對在香港進行本地立法。部分人甚至希望推翻中國共產黨在中國的政權，促使中國走和平演變的道路，從而讓中國成為西方的“追隨者”。

簡單地說，判別香港的反對派是“非忠誠”、“半忠誠”或“忠誠”的反對派的標準，是他們對現有體制的態度。鑒於香港是中華人民共和國的特別行政區，因此所謂“現有體制”包括兩個不可分割的層面，那就是國家的層面和香港特區的層面。在國家的層面而言，“忠誠的反對派”效忠中華人民共和國而不是效忠一個空泛、歷史、理想化或抽象的中國，承認中國共產黨在中國執政的事實而不是要改變這個事實，矢志維護國家主權、安全和發展利益，遵守中國憲法，尊重內地的社會主義體制，認同中央對“一國兩制”的詮釋而不是另搞一套，尊重中央在“一國兩制”下的權力和責任，反對外部勢力干預中國內政。在香港特區層面，“忠誠的反對派”效忠香港特別行政區，遵守基本法，承認基本法規定的特區政治體制和利用這個政治體制提供的機制和程序爭取政治權力和謀求制度的改革，不再政治體制外搞政治鬥爭，反對外部勢力介入香港內政和把香港變成"顛覆基地"。

必須指出，在上述的原則下，"忠誠的反對派"沒有"愛黨"的義務，也無需事事聽命於特區政府。他們可以對中國共產黨、中央和特區政府提出批評和表示異議。更重要的是，他們可以在"一國兩制"和基本法的框架內提出和推動香港政治、社會和經濟的改革，包括政治體制的改革，從而成為帶領香港進步的力量。

事實上，如何促使香港產業多元化、推進香港經濟持續發展，讓香港走一條與"一國兩制"相切合的民主發展道路，改變香港社會的不公和不義狀況等，都是廣大港人渴望見到的改革。即使在現行體制下，"忠誠的反對派"在那些方面絕對有不少的發揮空間。可惜的是，願意從務實和理性角度走"忠誠的反對派"路線的反對派人士可謂寥寥可數，這無疑反映了反對派人士對自己的主張和原則的執着。更為關鍵的，是那些人的深刻的反共意識和對西方文化和價值的信奉和吹捧。當然，因為因害怕改變立場而被原來的支持者丟棄更是一個重要的考慮因素。

在殖民管治的後期，大概在 1970 年代開始，香港的反對勢力開始萌芽，成員主要來自年輕的、曾經接受西方教育的中產階級人士。他們以各種各樣的論政組織、壓力團體、社會運動、公民組織、宗教團體、工會、社區組織等方式來參與政治。他們無意推翻殖民統治，但卻希望英國人開放政權，讓他

們可以更多的參與香港的管治。他們也要求殖民政府推行社會
改革，以改善各種不公不義的情況。雖然在有限程度上殖民政
府為他們開闢了一些參政渠道，但英國人仍然對反對派人士的
冒起感到“如芒在背”，因此對他們進行監視和防範。在 1980
年代開始，香港前途問題的出現迅速改變了香港的政治局面，
亦讓香港的反對勢力獲得快速壯大的機會，並一躍而成為舉足
輕重的政治勢力。英國人知道殖民統治要在 1997 年結束，為
了完成“光榮撤退”和履行對港人的“道義責任”，殖民政府遂
推行“還政於民”的代議政制改革，分階段在立法局引入選舉
產生的議席，其中由地區直選產生的議席對反對勢力的發展至
關重要，因為它們讓反對派勢力得以進入殖民地的立法機關。
與此同時，在香港回歸前的相當長的過渡期內，為了抵禦來自
中方的“干預”和減少對那些陸續向北京“投誠”的主流精英
的依賴，同時讓那些反共人士能夠在日後香港特區的管治體制
內發揮作用，英國人竭盡所能扶植反對勢力，在某程度上甚至
讓他們“搖身一變”為殖民政府的政治“盟友”，為他們提供大
量參與殖民政府的管治工作的機會，從而讓他們積累政治經驗
和贏取民眾的認可。再有，當港人對香港的前途憂心忡忡之
際，香港的反對派人士為自己定位為港人向中央爭取權益和保
證的“代表”，並藉此取得港人一定程度的信任和支持。事實
上，無論當初反對派人士對中國共產黨有是否有強烈的抵觸情
緒，但打着反共旗號在港人惶惶不可終日之時總會容易得到港
人的好感。不少政治投機分子也自詡為反共人士，企圖在民意
市場和選舉過程中撈取政治油水。相反，那些追隨中央，或者

從理性務實角度主張接受"一國兩制"和提倡與中央合作的人
不為港人所喜，甚至會遭到英國人的惡意對待。然而，當那些
人以反共立場取得港人的認可或信任後，則無論他們的反共立
場是否真誠，他們日後要改變立場便不是那麼容易，因為任何
立場的改變都會被港人視為"背信棄義"，結果便是政治前途
盡毀。以此之故，香港反對勢力的冒起和成長背景便注定他們
將來只能走上堅持與中國共產黨對抗的不歸路。回歸以後，無
論他們內心是否仍然相信與中央對抗符合自己和香港的利益，
他們為了自身的政治盤算也只能繼續無奈地走他們與中央對抗
的路線。當然，如果港人大幅改變對中國共產黨的態度，則反
對勢力在香港便會失去生存的空間和價值。然而，即使香港回
歸已屆二十年，港人對中國共產黨的態度尚未出現根本性的改
變，所以反對派的生存空間仍在，極其量說那個空間往後大幅
擴大的機會不大而已。

　　為何香港的反對勢力在香港回歸後仍然繼續強悍呢？我認
為主要原因是縱使中央大體上在回歸後對香港執行不干預政
策，而且在不同方面對香港體恤和照顧有加，但仍有一些因素
讓不少港人對中央仍有抵觸之情。首先，人們的反共和疑共情
緒不容易在短時間內消散，上一代的人仍然不斷對下一代的人
傳遞或灌輸他們對中國共產黨的負面觀感和情緒。反對勢力
很容易便可以利用那些情緒來撈取政治資本。最突出的例子
是 2003 年基本法第 23 條立法所引發的嚴重政治風波。雖然原
先中央為了照顧港人的憂慮，將本來應該由中央承擔的維護國
家安全的立法責任轉交予港人，希望香港特區可以訂立一套既

能維護國家安全、尊重香港的法制傳統，又能兼顧港人對人權和自由的憂慮的法律。但出乎意料之外的是，反對派成功將23條立法定義為中央蓄意以保衛國家安全為藉口意圖壓縮港人的人權和自由，並藉此掀起滔天政治巨浪，在港人和中央之間製造了嚴重嫌隙。迄今不少港人仍視基本法第23條為"惡法"，可見影響的深遠。第二，港人的政治價值觀始終與中央和內地同胞的政治價值觀格格不入，不少港人基於國內仍然實行"威權"或"專制"統治而對中共不滿。在媒體的渲染下，內地不時出現的涉及法治、人權、管治和社會公義的事件都難免損害中央在港人，尤其是年輕人心目中的形象。1989年發生的"六四風波"由於尚未"平反"在部分港人的心中仍是"一根刺"。第三，部分港人對香港在回歸後遲遲未能實現行政長官和立法會雙普選而感到不快，因此怪罪中央。第四，回歸後幾位行政長官，尤其是董建華和梁振英，因為管治不孚眾望而被港人所不喜。由於不少港人認為既然行政長官由中央揀選，因此需要對行政長官的工作表現負全責，但中央又往往因"道義"所在而不得不對行政長官的表現讚賞有加時，港人對行政長官的怒氣便部分投射到中央身上。誠然，董建華沒有完成第二任的任期一事被不少港人相信是中央順應民意而中途"辭退"董建華，因而對中央產生謝意，但同時又滋生了期望。當港人對梁振英相當不滿，但中央仍然"力挺"他的時候，那種因期望落空而產生的對中央不滿的情緒便難以收拾。相反，當梁振英宣布以照顧家人為由不尋求連任時，不少港人在欣慰之餘，傾向相信中央為了"俯順民意"而勸退梁振英，因此對中央產生一份謝意。

第五，回歸後香港與內地關係快速發展。在中央的眾多"挺港"措施下，內地的資金、人才、機構、遊客、學生等大量湧到香港，導致內地同胞和港人之間產生了許多意想不到的、在利益、文化、公共道德和生活方式上的矛盾。當然，不可否認的是特區政府和香港社會本身沒有預見好和沒有做好紓緩兩地同胞矛盾的工作，致使情況不斷惡化。但必然的結果則是港人對內地同胞的歧視和排斥心態無疑又部分轉化為對中央的抵觸情緒。第六，國家的崛起無疑使得不少港人對國家的前景感到樂觀和鼓舞，並對中國共產黨有所改觀，但國家的崛起卻同時使得部分港人感到迷惘和威脅，覺得內地已經成為香港強勁的競爭對手，長遠而言香港終將走向"沉淪"。更甚者，港人過去盲目相信香港的"一制"無比優越，"一國兩制"的實踐必然會讓內地的"一制"因為受到香港的感染而最終與香港的"一制"趨同，但實際經驗卻讓不少港人覺得香港的"一制"反而會因為"兩制"之間的互動而最終不保，反而會被內地的"劣質"的制度和價值觀所"改造"。這種擔憂其實也反映了港人對香港的"一制"的自信心持續下降，但這卻無礙他們遷怒於內地同胞和中央（劉兆佳，2016b）。

以上所講的只是舉舉大端，但大體上已足以解釋為甚麼國家的崛起、中央對香港照顧有加、香港與內地關係愈趨密切、香港的經濟發展越來越依靠內地的發展等情況的發生都沒有根本上改變港人對中國共產黨的抵觸情緒，唯一的"改變"估計只是港人不會像過去那般因為抵觸情緒而執意與中央對抗，極少數的"分離主義"、"自決"和"港獨"分子只是香港的一股細小的"逆流"，不足為患。然而，反對勢力對不少港人來說仍有一定的存在價值，因為他們始終可以擔負某些"制衡"中央和特區政府的任務。以此之故，即使香港已經回歸二十年，香港的反對勢力依然是中央和建制派的強勁對手，而他們對"半忠誠的反對派"身份的堅持則是香港回歸後持續政治混亂和管治困難的主因。

整體而言，反對勢力無論在組織、紀律、動員能力、領袖威望、宣傳手法和鬥爭策略方面都比建制派優勝，不過這只是從比較角度而言。事實上，反對勢力內部的山頭主義相當嚴重，能夠統領群雄的政治領袖不多，不過在共同的"敵人"（中央、特區政府和建制派）的環伺下卻不得不團結起來。西方政治勢力和媒體對他們鼓勵有加，讓他們在國際上也取得一定的知名度和同情。在一定程度上香港的反對勢力得到西方勢力在物質上和精神上的支持。一些西方機構為反對勢力提供培訓和指導。台灣的一些反共與"台獨"勢力與香港的反對勢力也有一些聯繫。不過，那些外部勢力對反對派的總體實力的影響應該不算太大，反對勢力主要還得依靠港人對他們的支持。

缺乏主導意識形態

回歸以後，不但殖民政權和支持它的管治聯盟完結，就連那套支撐殖民管治的主流意識形態也難以完整地倖存。平心而論，建基於種族不平等、威權管治和偏袒經濟精英的殖民管治很難以任何理想和價值來予以"合理化"。不過，由於不少港人相信香港的繁榮穩定與殖民政府的開明管治、制度體系和政策方針有關，所以在相當程度上殖民政府在漫長的管治過程中逐步建立起來的施政"哲學"和規章制度便意外地蛻變成一套香港的主導"意識形態"，而這套"意識形態"又反過來給予殖民管治某種認受性。在這套"意識形態"下，英國人在香港的殖民管治與香港的繁榮穩定被有機地聯繫起來。不少港人認為，脫離了殖民管治，不單原有的規章制度保不住，香港的繁榮穩定亦岌岌可危。回歸前港人對後殖民地香港的前景憂心忡忡，原因也在於此。

殖民管治結束後的一個自然的結果，是原來香港的主導意識形態因英國人的離去而無以為繼。中央的"一國兩制"方針的要義其實是要通過保留香港原有的規章制度和公共政策，並讓那些治港的愛國者以那些規章制度和公共政策的繼承者和捍衛者的身份來贏取港人對他們的管治的信任和支持，同時也讓他們的管治獲得那套與回歸前的"意識形態"類似的、經修訂後的香港特區的意識形態承托他們管治的認受性。所以，香港的管治精英在回歸後也經常強調香港特區政府的施政方針不會偏離過去的公平、公正、小政府、重視程序公義、維護法治、保衛自由、尊重私有財產等基本原則或香港的核心價值，企圖在一定程度上以殖民地意識形態的"繼承者"自居並謀取港人的信任和支持。

然而，事態的發展卻不如人意。實際情況是，香港的建制派和特區政府在意識形態領域與反對勢力相比往往處於下風，從而他們的社會支持基礎比反對勢力弱。主要結果是特區政府和建制派不但無法"繼承"殖民政府的"認受性"，而迄今為止以至可預見的將來，特區政府和建制派的認受性都難免會受到反對勢力和不少港人的質疑。究其原因，最重要的是港人斷定特區政府和建制派與殖民政府和它的同路人有本質上的分別，因此儘管特區政府和建制派有誠意在施政方針上"蕭規曹隨"，延續殖民地時期的施政路向，不少港人也不會自動地把對殖民政府的支持"轉賬"予特區政府和建制派。那些港人對中央和中央支持的特區政府和愛國者缺乏足夠的信任，並考慮到中、西方的政治文化和制度有着巨大的差別，因此不願意相信在施政模式上特區政府和建制派會是殖民政府的忠實的繼承者。相反，他們傾向相信由於中央和香港的建制派不懂得也不欣賞殖民政府的管治理念，香港原來的規章制度會因為他們的無知無能或蓄意違反而逐步隳廢。在這種懷疑心態作祟下，部分港人很容易便會因為不同意特區政府某個決定、某項人士任命或某項決策程序而馬上斷定特區政府沒有遵循"祖宗遺訓"或聽命於中央而導致"禮樂崩壞"。梁振英特首的"特立獨行"和"敵我分明"的行事和用人作風便經常招致那些方面的責難。

更為複雜的是，英國人為了達到光榮撤退的目的，在撤離香港的前夕突然以民主倡議者的姿態出現，強行在香港推行代議政制，企圖在實質上把香港變成"獨立政治實體"。英國人的圖謀在中國政府的堅決反對下雖然未竟全功，但卻大大提升了港人的民主期望。香港特區政府和建制派對民主發展的立場肯定與英國人大相徑庭，因此無法"繼承"殖民政府這方面的政治主張和工作。特區政府和建制派的意識形態當然不包括那些與"一國兩制"方針向抵觸的民主改革。以此之故，反對派和其支持者從不間斷地批評特區政府和建制派阻撓香港的民主進程，而特區政府和建制派提出的包含愛國主義的意識形態也無法取得大多數港人的信服。

在殖民政府宣揚的意識形態中，反共意識其實是重要一環。長期以來，殖民政府或明或暗地告誡或者嚇唬港人，聲稱和暗示如果香港不是英國的殖民地，它只會被中國收回並由中國共產黨來統治。鑑於香港在回歸後是中國的一部分，特區政府和建制派作為中央的擁護者不能不提出一些關乎維護國家和中共政權的安全和利益、在"一國兩制"下"一國"高於"兩制"、不能讓香港成為顛覆基地、推行國民教育、盡快進行基本法第 23 條立法等眾多港人不喜歡的政治主張。尤其重要的是特區政府和建制派不能接受任何反共的政治主張。因此，他們絕不可能照單全收殖民政府的意識形態。

在殖民地時期，殖民政府主要依靠經濟和專業精英為其同路人，彼此之間存在不少的共同利益，一起維護香港的自由放任的資本主義體制，並共同對勞工和低下階層進行政治支配和經濟"剝削"。與此同時，在香港的親共勢力則是被殖民政府和其同路人遏制的對象。然而，回歸後，如前所述，香港的建制勢力變得甚為龐雜和分化，總而言之，一個不團結的建制派沒有條件去建構一套完整的、涵蓋廣闊領域的意識形態，那怕只是一套只能團結自己的意識形態。

再有，即使在政治立場上，建制派內部也有分歧。誠然，建制派人士基本上擁護中央，並對香港民主化的幅度和速度有一定共識。但原來追隨殖民政府的建制派人士或那些過去對中國共產黨有成見的人對中央的忠誠度不太高，也不太牢固，因此在一些大是大非的事情上立場不穩定，也難以義無反顧地為站在中央那方與反對勢力激鬥。部分建制派人士需要參與立法會的地區直選，或那些以個人名義投票的立法會功能組別選舉，在怵於民意下亦不能與中央步調一致。個別建制派人士為了自身政治利益有時甚至與中央唱反調，從而削弱了整個建制派的戰鬥力和威望。

事實上，在幾乎所有其他社會，代表保守或既得利益的管治精英都沒有一套完整的、帶有理想成分的意識形態。建制勢力之所以有一定程度的凝聚，是因為他們有共同的具體目標，那就是長期控有政權和保障自身利益，不讓反對勢力得逞。雖然有些國家的保守黨派利用宗教、民族主義、好戰主義、排外情緒或某種民粹主義來建構其意識形態，但畢竟不是慣例。一般而言，既然已經擁有了無需擔憂失去政權的政治安全感，則無論是中央、香港特區政府或是建制派在政治理念和意識形態建構上都呈現消極態度。

坦白說，“一國兩制”方針代表一套現實主義的解決歷史遺留下來的問題的辦法，其具體安排是各方勢力鬥爭和妥協的結果，本身並沒有太多的理想和感情成分，因此很難重構為一種能夠激勵人心的政治主張。“一國兩制”所要保留“五十年不變”的香港更不是所有港人都喜歡和認同的香港，那些認為香港需要推進各方面社會和政治改革的人更壓根兒不滿有關安排。所以，即使建制派有意以"一國兩制"為基礎建構一套主導性的意識形態，成功的機會也不高。當然，一些建制派人希望提出"愛國情懷"為軸心建構意識形態，但當不少港人視中華人民共和國為中國共產黨締造的政治組織時，提倡對新中國效忠只能得到小部分港人的稱許。當港人對新中國的認同感薄弱時，強調香港為國家發展能夠發揮重要作用亦難以提振港人的榮譽感和鬥志。此外，"一國兩制"既然要保存香港在上世紀九十年代的現狀，則通過提倡各種改革以減少香港的社會和政治不公義來爭取群眾的支持，便不可能是建制派的選項。

總的來說，既然香港特區政府和建制派無心和無力建構一套主導性的意識形態來強化其管治的認受性，借助那套意識形態更好地團結自己，和營造更有利於其行使權力的政治環境，則雖然基本法賦予香港的管治精英龐大的憲制權力，在沒有其他良好的政治條件配合下，他們所擁有的權力也難以充分和有效運用來對付其挑戰者。

與建制派相比，反對勢力提倡的意識形態較為完整、也有較多的理想成分，而當中尤其突出的是他們的反共思想和決心。香港的反對派與其他威權政體下的反對勢力一樣，都依靠民主、自由、人權、法治、平等、公平、公正等政治理念來號召群眾抗擊當權者。他們傾向以"民主缺失"(democratic deficit)作為"萬能的"解釋香港社會的各種"弊端"的主要原因。那些"弊端"包括管治困難、"官商勾結"、貧富懸殊、社會不公、特區政府為中央馬首是瞻、原有的制度和核心價值被破壞、香港高度自治不保等。少數極端分子更進而斷言民主改革甚至"香港自決"、"香港獨立"乃解決問題的"萬應靈丹"。除此之外，反對派人士更依靠宣示其反共的決心和勇氣來爭取民意的支持。無疑，反對勢力的意識形態的確對部分港人有吸引力，而且讓他們長期以來享有比建制派更高的民意認受度。

不過，縱然如此，反對勢力的意識形態在香港尚未能取得主導地位，這對反對派的團結和對提升反對派的政治能量有一定的約制作用。一個重要原因是反對派在意識形態上難以統一起來。在政治主張層面，不同反對派人士對民主化的速度與幅度、對中國共產黨的態度、對鬥爭方式和手段、對暴力行為、對香港應否是中國的一部分等議題上有不同立場。更為嚴重的分歧出現在他們對政府在經濟上的角色、社會福利的多寡、社會政策的內容、勞工權益、對內地新來港移民的立場、對少數族裔的態度、對同性戀者同情與否等涉及到如何提升社會公義等問題上存在分歧。近年來，年輕人的後物質主義訴求抬頭，導致一些新的、與價值觀有關的訴求紛紛湧現，比如凸顯個人的自主性、藐視權威、同性戀不受歧視、同性婚姻合法化、男女平等、環保、保育、新的經濟和社會發展模式、新的城市規劃與土地利用、加快民主發展步伐等。新的議題的出現，在反對派內引發不少世代矛盾，造成了反對派的分化內耗，從而削弱了他們的政治能量。

在鬥爭手段上，反對勢力內的光譜也很廣闊。其中一個極端主張與中央和建制派對話，積極參與現有體制的選舉遊戲，盡可能加入特區政權，努力爭取與建制派內的開明人士合作，並在建制內推動政治和社會改革。與其截然相反的是另外一個極端，否定現有的政治和經濟體制、鼓吹"無底線"的鬥爭方法，甚至不惜大規模使用激進和暴力手段，意圖迫使中央和特區政府向自己的要求讓步。2014 年底爆發的、為時七十九天的"佔領中環"抗爭行動則屬於較為極端的鬥爭事例。

反對勢力內的世代之爭清晰地暴露了他們內部意識形態的分歧。老一輩的反對派人士標榜的"民主回歸"、"建設民主中華"、"推動中國內地走和平演變道路"等基於對國家的認同和關懷的主張，越來越不受新世代人士的認同。各種"本土意識"、"分離主義"和"港獨主張"的冒起反映反對派的意識形態有走向"碎片化"的趨勢，但同時也有走向"反國家"、"反民族"的逆反趨勢。。

反對派的民主觀雖然在不少港人尤其是中產人士和年輕人當中引發共鳴，但卻無法讓大批支持者願意付出重大代價熱烈投身於民主運動之中。其中原因之一是港人普遍不相信他們有足夠的政治力量去迫使中央讓步，反而認為過度挑釁中央只會招致中央的強烈反擊。更為重要的原因則與香港的歷史發展軌跡和獨特的殖民管治形態有關（劉兆佳，2014）。與其他國家和地區不同，香港在民主改革之前，已經充分享有良好的法治、不錯的人權保障、廉潔有效的管治、在一定程度上尊重民意的政府和讓不少人艷羨的經濟發展和生活水平。在這些情況下，民主固然是好東西，但卻非迫切需要，更不是那種人們願意不惜作出重大犧牲來追求的目標。

導致反對派的意識形態難以成為香港特區的主導意識形態的最關鍵原因，是香港不是主權國家，而是中華人民共和國不可分割的部分。絕大多數港人清楚明白,任何意圖將香港從中國分裂出去的行動不但徒勞無功,只會為香港帶來災難。因此,反對派的意識形態不但不能爭取到建制派的認同,反而在自己人之間激發無窮的衝突。同時,儘管不少港人出於反共或"疑共"情緒和對梁振英政府的不滿而對反對派寄予同情,但他們從現實角度考慮也清楚知道反對勢力沒有在香港特區執政的機會,因此只能充當"永久的反對派"。他們也明白到堅持與中央對抗不但注定失敗,更會為香港和為自己帶來損失。港人也越來越明白香港在經濟上與內地的唇齒相依的關係,因此與中央對抗對香港的發展和福祉不利。尤為重要的,是隨着國家日益富強,港人對中國共產黨的態度出現了微妙和複雜的變化。即使不少人對中共仍懷抱疑慮或敵意,但他們卻又覺得中國共產黨在國家崛起和富強上功不可沒。以此之故,反對派難以通過意識形態的感染在香港社會建構一股強大的支持力量。誠然,當不少港人仍人抱持反共和"疑共"意識時,反對派可以在一定程度上擔當"制衡"中央和發洩港人對中央不滿的角色。當行政長官仍然不是普選產生的時候,港人覺得仍然需要依靠反對派來監督和掣肘特區政府。不過,港人清楚知道,反對派不能執掌特區政權,也不適宜執掌特區政權,而中央也不會容許他們這樣做。港人也明白,如果反對派真的在香港執政的話,則對香港來說,肯定是禍不是福。整體而言,即使港人認為反對勢力的意識形態在思想上或情感上有一些吸引力,但總覺得他們的主張不切實際。

與此同時,反對派所宣揚的意識形態主要是西方的一套,在中產階級和年輕人當中有較大市場，但對不少港人而言不應該是香港的所謂的"核心價值"或者是唯一的"核心價值"。其實，傳統中國文化、道德思想和價值觀對不少港人仍有明顯的影響。近年來，隨着中國的崛起，在部分港人包括知識界之內隱約可以感受到一些民族主義情懷和排外情緒，對走向"沒落"的西方所奉為圭臬的東西並非無條件崇奉。過分推崇西方的一套的香港反對勢力在宣揚其意識形態時將會遇到港人更多的質疑。

概括上述討論，我們可以這樣認為：香港的反對勢力在意識形態領域的確比建制派擁有較多優勢，但卻並非是壓倒性的優勢。建制派在意識形態領域的弱勢無疑削弱了他們的政治能量，使他們更容易受到反對派的壓力。不過，反對派在意識形態上的相對優勢卻未能讓他們積累強大政治資本，來迫使中央和建制派對他們作出重大的讓步，更遑論改變香港的政治格局。

外部勢力

歷史上，香港不但是各國各地特務雲集的地方，也是外部勢力介入中國政治的管道和基地。中華人民共和國成立以來，這個情況並未有根本改變，外部勢力仍舊積極利用香港進行對中國不友好的活動。以此之故，從一開始，國家領導人和中央官員對外部勢力介入或干預香港特區事務便抱有戒懼心態，尤其擔心外部勢力與境內敵對勢力勾結而構成對國家和政權的威脅。鄧小平先生在講述"一國兩制"方針時便不止一次警告不容許香港成為顛覆基地。香港在 1989 年"六四風波"中所發揮的對內地反政府分子的鼓勵和支援作用一直讓中央耿耿於懷。香港長期存在的反共勢力和不少港人的"疑共"情緒不但揮之不去，又起落不定，更麻煩的是近年來在青少年中有擴散的趨勢。事態的發展，尤其當國家正在面對越來越多的國家安全的威脅時，無疑令中央倍加憂慮。

回歸後的一段時間，香港社會雖然經歷不少管治、經濟和社會折騰，但政治局面尚算穩定，因此外部勢力的威脅不是中央特別擔憂的問題。然而，2003 年 7 月 1 日，香港爆發了反對基本法第 23 條立法和宣洩對特區管治不滿的極大規模的群眾遊行示威。之後一些大型的、以中央和特區政府為衝擊對象的抗爭行動陸續出現，而 2014 年年底又爆發了一場持續達七十九天、史無前例的"佔領中環"行動。有關行政長官普選的政改計劃失敗後，香港湧現了一些"本土分離主義"甚至"港獨"的主張和行動，對小部分年輕人荼毒尤甚。種種事態的發展強化了中央對外部勢力利用港人的怨氣，來挑起各種反政府和反中央的疑慮和警惕，部分中央官員更深信美國和英國乃"佔領中環"行動的幕後"黑手"(Lampton, 2015:764)。與此同時，國家的迅速崛起引起西方尤其是美國對"中國威脅"的擔憂。以美國和日本軍事聯盟為主軸，並積極拉攏中國周邊國家參與、目的在於"圍堵"中國的各種計劃和意圖昭然若揭。中美之間的戰略對壘不會因為美國總統的更替而改變。美國新任總統特朗普不時流露的對中國的敵意更讓中央難以釋懷。國家安全，尤其是國內的穩定，成為了中國共產黨在新形勢下治國理政的首要課題 (Lampton, 2015; Wang & Minzner, 2015)。面對愈趨複雜和凶險的國際環境，中央對香港會否成為讓境內和外部勢力有機可乘的"顛覆基地"一事便不能不認真和嚴陣對待。在中央眼中，最嚴重的外部威脅來自美國，而來自美國的、以推動西方民主和人權為己任的半官方、非政府機構和媒體在香港的活動、它們與一些香港反對派人士的聯繫和它們在"佔領中環"和"港獨"行動中的"身影"更讓中央耿耿於懷。除美國外，"台獨"勢力與香港"本土分離主義"者的勾結也是中央密切關注的事態發展。

為了防範於未然，在起草基本法的後期，中央特意在基本法內加入第 23 條來保衛國家安全，防止香港成為顛覆基地。[20] 不過，回歸以來因為政治因素的阻攔，基本法第 23 條的本地立法工作迄今尚未完成，致使香港作為顛覆基地的威脅無法根本解除，近期"港獨"為患而香港卻不具備有效的法律遏制手段，更使香港成為國家統一和領土完整的隱患。過去十年來，中央反覆重申堅決反對外國和外部勢力插手香港事務，正好反映了它對香港被轉化為顛覆基地和國家安全威脅的擔憂。在講述中央對港政策時，維護國家主權、安全和發展利益越來越被放在顯著的位置上，而保持香港的繁榮和穩定則逐漸退居其後。

20　基本法第 23 條規定："香港特別行政區應自行立法禁止任何叛國、分裂國家、煽動叛亂、顛覆中央人民政府及竊取國家機密的行為，禁止外國的政治性組織或團體在香港特別行政區進行政治活動，禁止香港特別行政區的政治性組織或團體與外國的政治性組織或團體建立聯繫。"

究竟外部勢力在香港的活動情況如何,它與香港的反對勢力的關係如何,以及它對國家安全和香港政治穩定的危害的程度如何,我們很難找到客觀的證據和結論。但無論如何,基於"制華"策略的政治考量和西方價值觀的驅使,外部勢力肯定以香港的反對勢力為鼓勵、支援和拉攏的對象。外部勢力一方面在國際社會為香港的反對勢力吶喊助威,並對中央和特區政府施加政治壓力,從而為反對勢力提供一些政治"保護",讓他們可以更"安心地"從事他們的抗爭行動。另一方面,外部勢力也可以為反對派提供各種協助,包括物質上的支援、抗爭策略和技巧的傳授、組織和行動的統籌協調及選舉和鬥爭策略的設計和執行等。總體來說,外部勢力發揮強化香港的反對勢力的政治能量的作用,在一定程度上抵消了管治精英因獲得中央的支持而享有的政治優勢。諷刺的是,香港的反對勢力不斷批評中央干預香港內政,但對於外部勢力在香港政治上的介入卻隻字不提,對自己主動"邀請"外部勢力"助拳"更視為是理所當然的事。

一般而言,即使外部勢力有意在香港興風作浪,並利用香港作為西方圍堵中國的一枚棋子,在日益強大的中國面前它們的力量和動機其實十分有限,原因是它們不但擔憂中國的報復,也需要與中國聯手處理大量全球性和區域性的難題。再者,它們在香港擁有龐大利益,因此不願意因為與中國和香港特區交惡而蒙受損失。更重要的,是它們知道在中國擁有對香港的主權下香港的反對勢力不可能執掌香港特區的政權。它們更知道,以懲罰香港作為向中國和香港特區施壓的手段會同時傷害香港和自身的利益，所以不是有效的手段。外部勢力明白它們頂多能夠為中國和香港製造麻煩和混亂，能夠成功推行"顏色革命"的機會則微乎其微，反而會導致中央收緊對香港的政策和更強硬地遏制香港的反對勢力，因此不值得對香港的反對勢力進行"過度"政治投資和承擔，但對反對派給予"恰如其分"的鼓勵和支持、以至維持他們的生存空間的工作則依然不可或缺。

對台灣來說，香港"一國兩制"的順利實施固然有利於中國在國際上宣揚"一國兩制"的成功，對爭取台灣回歸具有積極意義，對台獨勢力也會造成一定的打擊，但無論是國民黨政府或民進黨政府都沒有強烈誘因要破壞回歸後香港的政治穩定。為了與中國大陸改善關係，國民黨政府固然不願意在香港問題上開罪北京。另方面，儘管有台獨傾向的民進黨雖然與北京關係欠佳，但也不會願意因為香港而導致兩岸關係過度緊張。當然，台灣當局偶爾會對香港的管治和民主發展發表負面評論，但似乎多是為了島上的政治鬥爭需要，而不是為了支持香港的反對勢力。不過，台灣的一些台獨和本土主義勢力有意與香港的反對勢力互通聲氣、互相砥礪，則確是不爭的事實。台灣的學生運動比如"太陽花運動"對香港的年輕人的抗爭行為產生了示範作用，也是眾所周知的事實。總的來說，台灣作為外部勢力對香港反對勢力政治能力提升的作用其實很有限。

美國官員、前駐台灣的美方代表暨學者卜睿哲 (Bush) 對美國對港政策的局限性表述的比較坦白。他說："作為一項一般性原則，美國人和他們的政府認為在香港建立一個更民主的政治體制是好主意,不過這個目標從來都不在[美國的國家]議程上排在前列位置。不過,美國國內的不同利益和政治[勢力]有些時候會[因為貫徹自己的計劃而]扭曲美國外交政策的目標。"(Bush, 2016:243) 美國在香港有巨大的經濟利益,也需要香港為美國在打擊走私、洗黑錢、販毒、恐怖主義等行動上提供各種協助和方便。因此,美國希望香港能夠在"一國兩制"下享有高度自治並繼續有能力履行它的國際責任。"至於香港的政治發展,華盛頓只能走一條狹窄的道路:一方面在原則上支持香港的民主發展,另方面則要承認中國對這個城市擁有主權的現實。"(Bush, 2016:245) 當然,卜睿哲也了解,中國政府不會相信美國在香港沒有不可告人的政治意圖,而事實上有限的證據也顯示來自美國的一些勢力確有鼓動和幫助部分香港反共和反對勢力衝擊中央和香港特區政府的事例。縱使奧巴馬總統向習近平主席親口否認美國在"佔領中環"行動中有任何角色,但這也難以說服中國美方沒有為香港的反對勢力給予支持 (Bush, 2016:259)。

從比較角度看,如果一個國家的管治精英權力穩固,而這個國家又擁有強大實力的話,則外部勢力難以在該國興風作浪。"前蘇聯和東歐的共產和其他政權之所以倒下,原因之一是它們抵禦不了來自跨國的民主浪潮的衝擊,那些屹立不倒的政權則是那些能夠成功頂住來自內部和外部的、意圖改變現政權的壓力的政權。"(Dimitrov, 2013:126) 事實上,冷戰結束不久,西方勢力便以輸出西方民主為己任。"旨在推動民主化的跨國網絡把一大批複雜的力量連接起來,包括本地和區域上的異見分子，非政府組織，'私人'參與者比如索羅斯和他建立的'開放社會'(Open Society)、莫特基金會 (the Mott Foundation)、洛克菲特基金會 (Rockerfeller Foundation)，及那些來自歐洲和美國的民主推動機構（例如美國的美國國際發展局 [United States Agency for International Development]、和國家民主基金會 [National Endowment for Democracy] 和它們資助的項目、自由之家 (Freedom House)、國際共和研究所 (International Republican Institute)、國家民主研究所 (National Democratic Institute)、美國的德國馬歇爾基金會 (the German Marshall Fund of the United States) 和選舉制度國際基金會 (International Foundation for Electoral Systems)。此外，西方勢力一反過去不在共產主義國家搞事的做法，轉為大力在全世界推動民主，尤其在前共產主義國家之內。"(Dimitrov, 2013:142-143) 單憑香港自身的力量自然無法阻擋外部勢力的介入，但外部勢力卻因為怯於中國的反制和報復，而不得不在"促進"香港的民主化上有所節制。[21]

小結

在憲制層面，儘管"威權"成分在香港的混合政體中相當充裕，但"自由"的成分卻可謂不輕，因此對香港特區的管治精英帶來不可小覷的制約和掣肘。香港的反對勢力可以充分利

---

21 不過，近年來，西方國家由於財政困難和戰略目標的轉移對給予"出口西方民主"的資助有下降的趨勢，因而引起西方的民主和人權分子的不滿。

用香港混合政體的"自由"成分為自己開拓廣闊的政治活動空間，並憑藉較好的組織和領導及意識形態優勢，並同時有效利用港人的反共和"疑共"情緒進行政治動員，為香港特區的管治精英製造了不少管治困難。相反，即使香港的建制派擁有龐大的政治權力，而且又得到中央的大力支持，但由於民望不高和認受性不足，而且組織鬆散，內部傾軋，政治領袖匱乏和對法院和媒體缺乏駕馭能力，因此在運用權力時只能小心翼翼、如臨深淵、如履薄冰，難以充分發揮其權力優勢，因此在與反對派交鋒時往往處於被動，左支右絀，從而無法達致有效管治之境。

第四章　香港特區的政治形態

　　香港的混合政體在制度上是一個"自由威權政體"，但"自由"成分的比重卻相當大，對其"威權"成分形成強大的制約，這是香港的混合政體與其他混合政體最重要的一個分別。另外一個重要分別是來自建制派的香港管治精英"必然"長期執政，沒有失去政權的風險，因此不像其他混合政體的管治精英般永遠生活在"政治不確定性"的陰霾和恐懼之下。還有一個重要分別是香港那個源於巨大政治立場差異的、難以逾越的政治鴻溝，致使"半忠誠的反對派"與建制派在各有擁有自己的"地盤"和群眾下長期對峙、水火不容。建制派和反對勢力之間的力量對比雖然在回歸後二十年期間時有變動，但卻沒有出現過根本性的變化，所以政治對峙格局基本上保持穩定。回顧過去二十年，反對勢力在香港經濟飽受亞洲金融危機蹂躪、施政發生重大失誤、基本法第 23 條的本地立法引發港人恐懼、土地房屋問題趨於嚴峻和掌權不得人心等時刻享有政治優勢。在經濟的復甦和行政管理效能的改善時，建制派的政治處境亦隨之而進入佳境。

　　在回歸後的香港特區，反對勢力固然無法奪取特區政權，但中央和建制派也沒有能力把反對勢力消滅，或把他們邊緣化。一種頗為穩定的"動態政治僵局"由是形成，並衍生了一系列回歸後香港政治形態的特徵。下面我會詳細介紹那些特徵，而它們合起來討論便使我們明白，香港的混合政體與其他混合政體有相當的區別。

政治遊戲規則缺乏共識

理論上，中央通過基本法的制定和選舉辦法的規定為回歸後的香港設置了一套政治遊戲規則。然而，實際上，即使香港已經回歸二十年，一套在香港廣泛應用並為各方政治勢力接受並切實遵守的政治遊戲規卻尚未確立（劉兆佳，2009）。之所以如此的主要原因，是反對勢力雖然口頭上承認，但骨子裏卻不接受由中國共產黨建立的中華人民共和國和其領導的中國政府，老大不願意看到香港的回歸、對"一國兩制"和基本法有"另類詮釋"，視香港特區為"獨立政治實體"及意圖奪取特區政權。在這種思維下，他們執意對回歸後香港的政治遊戲規則，朝對自己有利的方向理解和我宣揚便是很自然的事。另一個重要原因是儘管基本法勾畫了香港特區的政治遊戲規則的大原則，但很多條文的實際含義卻難免會引起激烈爭議。不同政治勢力圍繞着基本法個別條款所作的解釋其實與他們的政治利益息息相關。誠然，那些爭論可以通過人大釋法、香港本地法律和法院的判決來清晰化和具體化。然而，全國人大常委會傾向盡可能不去釋法，因此相當部分的爭議尚未能通過人大釋法來平息，而本地法律和法院的判決對基本法個別條款的理解和中央的理解也不盡相同，因此一些重大爭議尚在懸而不決的狀態之中。無論如何，建制派和反對勢力之間，對回歸後香港的政治遊戲規則的不同，甚至是互相對立的理解，是導致香港政治鬥爭和管治困難的"元兇"之一。

假如我們對香港回歸二十年來的政治爭論梳理一下，便不難發現有一系列的圍繞着政治遊戲規則的不同理解。首先，對於中國憲法在香港特區是否適用，從而港人是否有責任對中華人民共和國效忠，尊重和擁護中國共產黨在國家的領導地位，接受內地的中國特色社會主義制度等核心問題在香港便缺乏共識。建制派一方理所當然承認"一國兩制"方針和基本法的合法性來源於中國憲法，因此而引申出香港不能是"獨立政治實體"、更不能成為"顛覆基地"或"滲透基地"的道理。相反，不少反對派人士不認為中國憲法在香港實施，至少不是全部實施，因此港人可以利用香港的特殊條件去推動國家走"和平演變"道路，支持內地的反政府勢力，推翻中央對"六四風波"的定性和結論，向港人特別是年輕人宣揚反華和反共思想等損害中央與特區及內地同胞與港人關係的言論和行動。近年來，與此有關的政治遊戲規則更形紊亂。本土分離主義、"自決"和"港獨"人士甚至質疑一些過去沒有太大爭議的原則和假設（中國對香港擁有主權、香港是中國不可分離的部分、香港的高度自治權力來自中央授予）。一些香港的年輕人更試圖訂立一些新的、與"一國兩制"初衷相違背的遊戲規則，例如港人可以通過公投改變 2047 年後香港的"命運"，蔑視老一輩的反對派人士和貶低他們過去的功績。多布森 (Dobson) 對其他國家的莽撞的年輕人的政治心態的描述，其實也可以應用在香港的年輕人身上。他説："那些最直率、具創造力和有政治能力的活躍分子通常來自社會內較年輕的成員。他們當中相當比例的人選擇以獨立人士身份與當權者開戰，並摒棄那些長期以來在他們的國家中爭鬥不已的政黨、派系或組織。……那些年輕人絕對不認為他們的年齡和經驗匱乏為弱點。相反，他們相信那些特點讓他們獲得一個特殊的地位：他們才是一批新的、未受污染的，並且有力與那些不願意放棄權力的政權作戰的政治局外人。……這些年輕人不但不接受執政黨的招募，同時也排斥那些傳統的反對黨。"(Dobson, 2012:152) 香港近年來冒起的"政治素人"的政治個性與多布森的描述驚奇地吻合。

　　第二，行政長官和特區政權的認受性不斷受到挑戰。從中央和建制派的角度來説，既然香港是中國的一部分，中國從來都擁有香港的主權，中國自 1997 年起恢復在香港行使主權，和由此而衍生的對香港的全面管治權，但與此同時中央授權香港實行高度自治，因此從憲制角度看，中央任命的香港特區行政長官的認受性實屬無可置疑。不過，一直以來，行政長官和特區政權的認受性不斷受到反對勢力的挑戰。他們從"香港乃獨立政治實體"的觀點出發，認為只有經由普選產生的行政長官才有認受性，而中國共產黨領導的中央政府對行政長官的任命反而削弱了他的認受性。既然行政長官缺乏認受性，則港人便有理由質疑和挑戰特區政府的政策和決定，尤其是當那些政策和決定有把中央的利益凌駕於香港利益的嫌疑的時候。實際上，反對勢力只要不喜歡特區政府的政策和決定時，行政長官缺乏認受性便是一個很方便，和可以隨手拈來的反對藉口。

第三，對中央與特區的權力劃分各方的理解分歧甚大。儘管基本法對中央和特區權力的劃分已經作出了頗為詳細的規定，但反對勢力卻堅持否定和質疑中央的權力，更不願意看到中央真的行使權力。他們認為中央任命行政長官的權力應該是"虛"的、名義上的或只有象徵意義的權力而非實質性的權力。換句話説，中央"必須"無條件任命由港人以選舉方式(不一定是普選) 產生的行政長官，中央不這樣做的話便會引起"憲制危機"。在他們的心目中，只有這樣行政長官才會充分向港人負責和以香港的利益為重。雖然基本法第 158 條已經讓人大釋法成為香港的新憲政秩序的核心部分，但反對派和相當部分的法律界人士，卻以香港奉行普通法為由，不接受香港法官以外的人對基本法進行解釋，而諷刺的是，那些人包括若干曾經參與基本法起草工作的人。全國人大被貶低為只是一個立法機構和政治機構，主要為中國共產黨的政治目標和利益服務，因此縱使回歸二十年來只出現過五次人大釋法，但每次人大釋法都被他們譴責為 "破壞香港的高度自治"、"損害香港的法治" 和 "削弱香港的司法獨立"、"假借釋法來修改香港的法例或索性為香港立新法"。這些人對人大釋法的負面態度，除了要讓香港的法律界 "壟斷" 對基本法解釋的權力外，骨子裏是對中國共產黨的不信任和對內地法律界的傲慢和排斥心態。另外，反對勢力不承認中央在香港的政治體制，尤其是選舉辦法上有主導權和決定權，批評中央阻撓香港實施按照西方政治價值觀而制定的行政長官和立法會的 "真普選" 辦法，認為只有港人才應該享有決定香港的選舉辦法的權力。再者，反對派人士也不贊成中央在香港設立聯絡機構，更不能讓那個機構在選舉中扶助和協調建制派，認為這代表中央"干預"香港內政，踐踏"港人治港"和高度自治。背後的思路其實是反對中央的"愛國者治港"的方針，更難以容忍中央在香港扶植和壯大愛國力量。因此，中央駐港聯絡辦公室便經常成為反對勢力攻擊的對象。

第四，對履行對維護國家安全的責任的不同立場。香港作為國家的一部分理應負起維護國家安全的重任，而中央亦理應有權在國家安全領域為香港立法。但是，為了紓緩港人的擔憂，中央從一開始便決定讓香港自行按照基本法第 23 條的要求，而制定維護國家安全的法律。可是不幸地，23 條的本地立法卻在 2003 年觸礁，而且引發回歸以來最大規模的群眾示威遊行。自此之後，23 條便被詆毀為"惡法"，甚至連特區政府也視 23 條的本地立法為畏途，從而讓香港長期成為國家安全的隱患。近年來"港獨"主張的冒起其實與國家安全立法缺位有莫大關係。由於香港的政治遊戲規則不包括維護國家安全的法律，反對派中的極端勢力便得到了廣闊的活動空間。

第五，對行政和立法關係有不同理解。依照基本法的立法原意，香港特區的行政和立法關係應該是一種"既相互制衡，又相互配合，但又以配合為主"的關係，主旨是雙方共同擔負落實"一國兩制"方針的責任。然而，回歸以來，特區政府與立法會之間的關係一直處於緊張狀態。當中主要原因是雙方對立法會的權力有不同的理解。中央和特區政府認為立法會的議事規則，有違反基本法而擴權的情況，導致立法會在反對派議員的衝擊下不斷阻撓政府施政。這方面的情況在下文會有更詳細的交代。

第六，對公務員的角色有不同的演繹。在殖民地時期，有關公務員應否"政治中立"一事從來沒人過問，原因是既然殖民地是由職業公務員管治，則不存在公務員是否或應否"政治中立"的問題，而且也不清楚他們應該對誰中立。當香港回歸中國已成定局，而英國人又在香港引入選舉政治並對政黨的發展開綠燈，公務員的"政治中立"問題才開始出現。回歸前，所謂公務員"政治中立"只是對不同的政治勢力、工商機構和社會群體而言。公務員在執行職務時要對它們不偏不倚，並以維護公共利益為己任。毋庸置疑，"政治中立"絕不表示公務員可以對英國政府和殖民政府保持中立，反而必須向它們絕對效忠和維護它們的利益，並積極在社會上推銷、解釋和捍衛政府的方針和政策。即使相對於香港的政治勢力來說，公務員對親北京人士不單從來不中立，反而在其"主子"的唆使下予以排擠和打壓。此外，公務員絕對不能與中國政府和內地拉上任何關係這一點則是不言而喻的。

有趣的是，由於部分高層公務員有反共和"崇英"傾向，回歸後他們便倒過來以"政治中立"為藉口，而不太願意為那個向中央負責的特區政府向港人解釋和推介政府的立場和政策，認為那些是不屬於他們職責範疇的、同時又是違反公務員"政治中立"原則的"政治工作"。這種消極對待其政治角色的態度，是導致那個政治任命主要官員制度在 2002 年設立的原因。行政長官可以憑藉這個制度從公務員體制之外物色人才出任主要官員，打破過去公務員壟斷高層職位的傳統。不過，即使主要官員的工作是"政治工作"，鑑於他們的人數有限而"政治工作"繁重，因此公務員也不能完全逃避處理"政治工作"的責任，比如到立法會解釋政府政策、在社會上解釋政府的立場和反擊反對派對政府的批評，但部分公務員對此仍有微言，因此即使在今天有關公務員是否、應否和如何保持"政治中立"的爭議仍然揮之不去。

　　第七，人大常委會與司法機關的關係仍存灰色地帶。回歸前中方接受了英方的提議在香港回歸後成立終審法院。不過，為了確保在審理那些牽涉到重大國家利益的案件時終審法院的判決符合基本法，中央保留了人大釋法的"殺手鐧"，在必要時可以推翻終審法院的判決。儘管基本法對人大常委會和終審法院之間的關係已經表述得頗為明確，但一些灰色地帶無可避免仍然存在，致使反對勢力和部分香港法律界人士不時趁機"擴大"香港終審法院的權力。基本法第 158 條這樣說："本法的解釋權屬於全國人民代表大會常務委員會。全國人民代表大會常務委員會授權香港特別行政區法院在審理案件時對本法關於香港特別行政區自治範圍內的條款自行解釋。香港特別行政區法院在審理案件時對本法的其他條款也可解釋。但如香港特別行政區法院在審理案件時需要對本法關於中央人民政府管理的事務或中央與香港特別行政區關係的條款進行解釋，而該條款的解釋又影響到案件的判決，在對案件作出不可上訴的終局判決前，應由香港特別行政區終審法院請全國人民代表大會常務委員會對有關條款作出解釋。如全國人民代表大會常務委員會作出解釋，香港特別行政區法院在引用該條款時，應以全國人民代表大會常務委員會的解釋為準。但在此以前作出的判決不受影響。全國人民代表大會常務委員會在對本法進行解釋前，徵詢其所屬的香港特別行政區基本法委員會的意見。"內地法律學者胡錦光教授指出了這條條款當中存在的諸多問題：其一、沒有明確規定全國人大常委會是否可以行使對特區自治範圍內的條款的解釋權；其二、沒有明確規定特區法院是否擁有"違憲審查權"；其三、沒有設置解決特區法院應該提請或拒絕提請人大解釋的機制；其四、沒有明確規定在終審法院以下的其他法院作出終局判決的情形下，應如何由終審法院提請人大常委會解釋的程序；其五，沒有明確規定自治範圍內條款與非自治範圍內條款的認定標準、認定權限歸屬以及認定權限衝突的解決機制，等等（胡錦光，1998：315 以下）。由於人大常委會沒有設置相關機制，規定香港的終審法院在哪些情況下必須提請人大釋法，而香港的法院一方面缺乏對人大常委會足夠的尊重和信任，另方面又擔憂香港司法獨立的形象受損，因此極不願意提請人大常委會釋法，再者就是香港特區政府很抗拒主動通過中央政府提請人大釋法，所以一些本來應該由人大釋法才能釐清基本法條文的真實意義的事項便難以處理。香港的反對勢力既然認定人大釋法是"洪水猛獸"，自然認為香港法院可以自行判斷哪些案件涉及中央管理的事務和中央與特區關係，更可以自行決定應否提請人大釋法，而對此全國人大常委會不容置喙。實際上，他們相信香港的法院能夠處理好所有涉及基本法的案件，因此在任何情況下都沒有提請人大釋法的需要。他們尤其反對人大常委會主動釋法。反對派對基本法第158條的理解，實在是要"廢除"人大常委會的"武功"，但這卻是中央無法接受的。

最後，港人對鬥爭手段的"合適性"存在爭議。過去幾十年來，香港發生的政治抗爭事件不斷增加 (Lau & Wan, 1997; Wan & Wong, 2005)，更值得關注的是，越來越多人使用非正規 (unconventional) 和暴力的鬥爭方式。起初港人採取的是內含對當權者表示尊重和承認其權威的手段比如請願、拜託和懇求等。然而，隨着時間的推移，特別是當殖民政權的權威逐漸下墜和政制民主化的推行，加上殖民政府"含蓄"的鼓勵和教唆，讓港人越來越把原來高高在上的官員視為"公僕"，越來越多港人以非正規和暴力的手段向當權者施加壓力，當中包含了挑戰、藐視和對抗權威和否定體制的意味，而鬥爭的對象亦走向多元化，包括殖民政府、中央政府駐港機構、立法局、其他公權力機構、公共事業機構和工商企業。回歸後，抗爭行動愈趨頻密和激進，並注入了更多的暴力元素，特區政府和中央駐港機構是最受衝擊的對象。就連立法會內的激烈行動也越來越多，嚴重影響立法會的運作，也使得立法會的公眾形象和威信拾級而下。港人出於對政治和管治情況的不滿，對激烈行動的容忍度也逐步上升，讓激進分子更有機可乘。不過，對於何謂社會不能接受的激烈行動或所謂"底線"，港人內部也眾說紛紜，莫衷一是，年輕人認可較為激進的鬥爭手段，少數人甚至提倡"無底線抗爭"和"勇武抗爭"。年長一輩則較保守，對暴力行為心痛惡絕,並視之為亂世之象。這便使得香港的警察和其他執法人員在維持公共秩序時無所適從,容易動輒得咎。總的來說,與其他混合政體相比,港人在政治上還是較為保守,對社會穩定和秩序有極大渴求,因此對那些從事激烈鬥爭行動的人構成一定的制約,激烈和暴力行動無法繼續蔓延。

回歸後,香港仍然未能建立起一套有共識基礎的政治遊戲規則,這實際上反映香港尚未建立起一個穩定和有效的政治秩序。圍繞着政治遊戲規則的爭論和衝突無日無之,導致社會內耗不斷。和其他混合政體比較,政治遊戲規則的不確定性在香港尤為明顯和嚴重。

建制派與反對勢力壁壘分明和內部分化

在香港的政治鴻溝下,建制派和反對勢力之間壁壘分明,爭鬥不絕,並帶動香港社會的嚴重分化。中央和建制勢力一方,與反對派另外一方,在政治上處於一種長期對立和對峙的局面。彼此都不能夠改變對方的基本立場。雖然在一些社會、民生和經濟問題上雙方仍有有合作空間,但卻無法阻止衝突不斷的發生,而在政治問題上則更無毫無妥協的空間。雙方在政治上缺乏互信,且互相猜疑。在如此對立的局面下,政治化、"陰謀論"化、個人化、道德化、情緒化和非理性化氣氛彌漫。在這種劍拔弩張的氛圍下,"妥協"、"讓步"淪落為"放棄原則""道德淪喪"、"跪低"和"投降"的代名詞。

在今天的美國,共和黨和民主黨的"殊死"鬥爭正好反映妥協精神的淪亡。"抗拒妥協的一個主要原因來自民主政治的一個必然的部分，那就是競爭政治席位。儘管政治競爭有其價值，但它卻越來越侵入到管治過程中去，並帶來麻煩。[政客們] 贏取席位的手段其實會在後來顛覆 [他們上位後希望達到的] 管治目標。連綿不斷的競選運動，連同媒體和金錢的扭曲作用，在政客心裏形成一種抗拒妥協的心態。"(Gutmann, 2012:2) "抗拒妥協的心態是一組鼓勵堅守原則和鄙視對手的態度和論據。這種心態在競選活動中有利，但對管治則不利。"(Gutmann, 2012:3)。"妥協心態包含對原則的慎重處理（對原則作出調節）和彼此的相互尊重（重視對手）。相反，不妥協的心態表現在對原則的堅守（站穩立場）和相互不信任（懷疑對手）。"(Gutmann, 2012:16-17) 目前困擾美國民主政治的"對抗心態"同樣存在於香港的不同政治勢力之中，當然金錢在香港並非重要原因。

建制派的社會支持基礎相對於反對勢力較為狹隘，民眾支持度也比不上反對勢力。然而，建制派卻是"永久的執政派"，而反對勢力則是"永久的反對派"，由是建制派與反對勢力之間壁壘分明，相互妥協和讓步的空間十分有限，因此釀成了一個鬥爭難以化解的僵化局面。

首先容易看到的是，在永久的執政力量和永久的反對勢力並存的情況下，建制派人士不會輕易倒戈投向反對派，因為這樣做會丟失權力、地位和參與"政治分肥"的資格，機會成本實在太高。實際上，反對派也沒有政治和物質資源吸引建制派來歸。所以，儘管建制派內部因為組成龐雜而內鬥不斷，但

"背叛"中央和建制派而"投奔"反對勢力的人屬於鳳毛麟角。再者，即使他們"叛離"建制派而以"民主派"人士自居，他們原來的保守背景也使他們難以取信於反對派和廣大港人，而且容易被批評為投機或"變節"分子。此外，反對派人士對建制派的"叛徒"來歸也有種種顧慮和猜疑，一方面不知道他們是否中央或建制派遣到反對派的"屠城木馬"，二方面則擔心他們進來爭奪領導地位和分享有限資源，三方面則憂慮因為內部有人不高興而產生內訌。況且，由於一般而言建制派人士本來就缺乏足夠的政績和威望可以對自己的"轉軚"自圓其說，從而獲得人們的理解和支持，所以一直以來從建制派"投奔"到反對派陣營的人少之有少，其中較為顯赫者為前政務司司長陳方安生。陳女士在回歸前民望不錯，並在回歸後的一段時間內繼續擔任特區政府的政務司司長，但卻聲稱因為對董建華引入政治任命官員制度不滿，所以憤而離開政府，後來更成為中央和特區政府的嚴厲批評者和新興的民主"鬥士"。即使如此，她仍然得不到反對派人士的竭誠擁戴和追隨，而她對民主的承擔又不時受到各方面的質疑。

第二，反對派人士"投奔"建制派的誘因雖然較大一些，因為作為"永久的反對派"日子並不好過，既沒有執政機會，而香港人從功利角度考慮也不希望他們執政，但"投奔"建制派卻有機會取得權力、地位和較多的物質回報。在這種情況下，一些反對派人士因為與其他"戰友"在意識形態、政治立場、政策取向、人際關係和利益分配上有分歧而"叛離"反對勢力不足為奇。然而，實際上真的離開反對勢力而轉投建制派並得到政治回報的人很少。在曾蔭權和梁振英政府的行政長官辦公室、政治任命官員和行政會議之中都有若干來自"民主派"的人，比如劉細良、張炳良、陸恭蕙、胡紅玉、馮煒光等人，不過即使如此他們也難以得到建制派的充分接受和信任。其實，由於建制派陣營內競爭激烈，僧多粥少，因此感到壯志未酬、心存不滿的人已經不少，他們自然不會願意看到一些反對派人士被"統戰"進來而馬上得享高官厚祿。建制派內尤其重視論資排輩，任何擾亂原來的"拾級而上"、"排隊等候"的"政治利益分配"的機制的"插隊"行為都不會受到歡迎。再者，他們壓根兒不相信那些從反對勢力來歸的人會真誠效忠中央。

　　第三，與其他華人社會一樣，受到儒家思想的深刻熏陶，所以港人相當注重政治人物的道德操守。由於歷史條件所限，特別是香港沒有出現過反殖和獨立運動，加上整個回歸過程由中英兩國政府主導，香港本身難以產生擁有優良政績、偉大抱負和崇高威望的領袖。既然沒有政治成就和威望，則他們的道德操守和正直誠信便是他們"唯一"的、最寶貴的政治資產。對一位政治人物來說，無論他的政治立場為何，只要他能夠堅守自己的政治信念和主張，而不會因為政治環境的改變或基於利益計算而動搖，人們包括不同意他的人都會對他有一份敬重。相反，如果他改變政治立場，特別是由一個政治陣營轉投另一陣營，則無論他秉持甚麼理由，他都會某程度上被譏諷為"機會主義者"並因此失去公眾的信任和尊重。所以，就算某個政治人物其實對一直信守的政治理念和立場失去信心和認同,他也不會輕易公開作出改變,唯恐失去道德地位和政治生命。這種來自社會的政治道德制約是一個維持建制派和反對勢力的分明壁壘的重要因素。事實上,在那些深受儒家思想影響的東亞國家和地區,"政治議題往往被包裝為道德議題,或者以道德言語表達,而非從利益角度處理。"(Moody, 1988:75)任何"背叛"自己的政治陣營的人,都會受到其他政治陣營的道德審判。因此,"政治道德化"的情況在香港十分普遍。政治和政策議題往往被定性為道德議題,是考核政治人物是否忠誠可靠與正直無私的試金石。無論是建制派或反對派人士,都不斷對"敵人"和"自己人"進行道德攻訐,前者出於"殺敵"的需要,而後者則涉及自己陣營內的爭權奪利。一個對香港不利和不幸的情況是,縱使香港長期被政治人才短缺所拖累,但一些人才卻因為建制派和反對勢力壁壘分明而成為犧牲品。他們只有退出政壇的"權利",但卻沒有轉投另一政治陣營的"權利"。因此,在香港,任何一位政治人物起初究竟選擇哪個政治陣營事關重大,原因是他選擇加入其中一個政治陣營後,他便失去日後加入另一陣營的機會,這個情況對反對派人士造成的限制尤其厲害。回歸前,不少反對派人士依靠高舉反共旗幟來累積政治資本和贏取議會議席,但在回歸後部分人卻發現這個選擇對其實自己和香港都不利,在不能改變自己的政治立場的情況下,除非他們願意為了自身利益而繼續幹違心的事,他們的唯一選擇便只能是退出政治舞台,因此一些有政治經驗的人便不能為香港所用。

第四,由於建制派是"永久的執政派",不虞失去政權和政權為自己帶來的各種利益和回報，建制派人士基本上沒有擴大自己的陣營的誘因。理論上，建制派的社會支持基礎比較狹窄，他們理應招攬更多人才來充實自己的陣營，從而爭取更廣闊的社會支持。不過，在不虞丟失政權的情況下，中央和建制派都會認為建制派陣營不需要太大，因為如果太大的話，在僧多粥少的情況下，要讓所有人對政治利益分配滿意便相當困難。當然建制派陣營也不能太小，不然在社會上只得到太少人的支持也不利於管治。無論如何，在"永久執政地位"得到保證後，建制派確實沒有強烈動機去吸納更多人進入其陣營來"分一杯羹"。對反對勢力而言，由於他們是"永久的反對派"，他們的確有誘因去招募更多的人加入，但他們不會視建制派的人為招募對象，因為彼此"道不同不相為謀"，況且他們也沒有甚麼好的東西去吸引建制派的人。再有，一般而言，反對勢力特別重視其成員對政治理念的執着、彼此的互信與團結、和他們對群眾的道德號召力。他們也知道這類人在香港人數不多，所以，反對派陣營也很不願意"過度"擴大其陣營內的核心成員的人數。不少反對派人士其實很擔憂自己陣營內的"同志"會否經不住中央和建制派的"威逼利誘"而把持不住，因此尤其害怕新"投奔"進來的建制派人士對其"同志"進行"策反"工作。

總的來說，如果建制派和反對勢力可以不斷出現人才交換情況的話，建制派和反對勢力的鴻溝會因此而得以拉近，可惜這個情況在香港發生的機會很微。

第五，由於建制派和反對勢力壁壘分明，兩個陣營裏面的

"溫和"人士便難有溝通與合作的機會。其實,所謂"溫和派"在建制派和反對勢力兩個陣營內都受到不同程度的懷疑。在政治鴻溝的陰霾下,既然建制派和反對派人士都視對方為"死敵",不相信對方會善待自己,更不相信對方會改變立場,因此認為彼此進行的是一場"零和遊戲"式的"困獸鬥",鬥爭只有在其中一方取得完全勝利後才會結束。在這種心態下,自己陣營內的"溫和派"沒有看清楚"敵人"的本質,容易被"敵人"誤導,因此他們既是"理想主義者",又是"投降派"或"妥協派",其忠誠度難免受到質疑。更甚者是部分人覺得"溫和派"好心做壞事,容易被"敵人"利用,其實際效果是削弱自己陣營的團結性和戰鬥力。儘管我承認在建制派和反對勢力內都有一些"溫和"力量,但在壁壘分明的惡劣情況下他們都只能是一籌莫展。

在兩個陣營壁壘分明的格局下,一方面在兩個陣營的內部都存在不斷分化和重組的動力,另一方面他們之間的力量對比都不時會發生變化,而這兩者之間又有一定的關係。不過,縱然如此,香港不會出現其中一個陣營徹底打敗另一個陣營的局面,反而他們在力量對比不時發生若干變化的情況下仍然互相僵持不下,從而形成一種"動態的政治僵局"(dynamic political stalemate) 的態勢。"動態的政治僵局"的形成和長期化是香港的混合政體的獨特之處,因為在其他混合政體,最常見的是反對勢力被邊緣化,或是管治精英面對失去政權的風險,而香港出現的卻是管治精英雖然壟斷執政權,但卻在相當程度上長期受到反對勢力的反制。

　　本來，在建制派和反對勢力壁壘分明，同仇敵愾之際，兩個陣營理應不斷增強其內部凝聚力以應對"敵方"的攻擊，加上建制派和反對派人士都需要參與立法會和區議會的分區直選，和部分以個人為選民的功能團體選舉，選舉競爭也應該強化各自陣營的團結性。選舉競爭也可以在建制派內產生"新陳代謝"的作用，因為通過選舉的參與，執政聯盟得以對其成員和他們的支持者進行賞罰，把那些得不到選民認可的成員淘汰，從而達到換血和"新陳代謝"的效果。因此，選舉過程理應對管治精英的強化、穩定和發展有利。對此西方政治學者多有論述。他們認為，為了贏取選舉，管治精英需要維持一定程度的團結。選舉制度讓管治精英內的異見分子或少數派有後路或退路而無需在管治同盟內策動鬥爭，他們可以通過參加選舉向管治聯盟內的主流派施加壓力迫使他們進行改革。事實上，在中央的領導下，香港的建制勢力的確不時出現分化重組、丟棄舊人、換上新人、強化自已以應對選舉和管治的需要事例。[22] 然而，由於建制派是"永久的執政力量"，不愁失去政權，因此對維持內部的團結性和紀律的迫切性不是太大，所以即使有參與選舉的需要，亦難以有效消除建制派人士內訌的情況。

　　在其他混合政體，建制派在選舉中取勝並非必然。因此，要避免建制派人士"叛變"，建制派的的黨派在選舉中必須要長期保持強勢和優勢。正如蘭斯頓 (Langston) 所言："選舉競

22　在其他國家，國家領導人和議會的選舉在某程度上對維繫執政聯盟的團結有利，見 Magaloni, 2006:8-9。

爭和選舉辦法的改革改變了 [管治聯盟內] 少數派系是否應該繼續留 [在聯盟內] 的誘因。如果選民越來越傾向對佔優勢的政黨投反對票,而選舉又越來越公平的話,他們便會作出以下的利弊分析:繼續留在政權內的好處較少,而在聯盟之外進行競選活動的好處增加,如此一來,他們便會離開管治聯盟,並在選舉中挑戰 [自己的舊'戰友']。……管治聯盟 [也因此] 會走向衰弱。"(Langston, 2006:61) 在香港,行政長官選舉是建制派的囊中之物,立法會的功能團體選舉辦法對建制派有利,而在以地區政績為取勝因素的區議會選舉中,建制派也佔有優勢,建制派人士其實只是在立法會的分區直選中處於劣勢。因此,總體來說,香港不同於其他地方,選舉過程基本上不會導致建制派人士"離棄"本人所屬陣營而轉投反對派。

不過,反過來說,在無需面對丟失政權的"政治不確定性"的優越情況下,建制派內部卻事實上潛在分化的動力。儘管如前所述選舉競爭對建制派的團結有幫助,但在一些方面卻引發他們的分化。總的來說,在不虞失去政權的心態下,建制派成員的政治危機感薄弱,而愈趨分化的情況也難以消除。香港回歸二十年來,我們看到的是建制派的不斷分化和一定程度的內耗,中央的團結作用也只能做到不讓分化內耗過分嚴重而已。還好的是,在"大是大非"爭議出現時,尤其是那些涉及到國家主權、領土完整、"一國兩制"、中央的權責、中央與特區關係、政制改革等爭議,建制派大體上仍能步調一致,緊跟中央。最明顯的事例是 2016 年建制派在抗擊"港獨"和支持人大釋法一事上"空前"團結。不過,"掉鍊子"的情況也曾發生，比如 2003 年由行政會議成員田北俊領軍的自由黨在基本法第 23 條立法的關鍵時刻突然倒戈，致使立法工作功敗垂成。另外一個例子是 2015 年 6 月立法會內建制派議員在行政長官普選辦法法案表決時協調無方，大部分建制派議員沒有出席投票，讓原來大比數贊成（但達不到必須的三分二大多數）法案的預期結局變成大比數反對的尷尬局面。

　　回歸後二十年來，建制派內部出現分化內耗的情況不少。民建聯和工聯會在議會選舉上由合作轉為競爭、自由黨的立場飄忽不定和它反對梁振英的姿態、新的建制派黨派的不時出現（比如新民黨和經民聯）、新界代表原居民利益的“鄉事派”勢力有意“另起爐灶”組織自己的政黨等都是明顯的例子。為何在爭奪議席和贏取民意時面對強敵、而中央又發揮領導和統籌的作用下，建制派陣營內部還有分化的因素呢？其實最主要的原因，恰恰就是他們享有“永久的管治權力”，因此無需擔憂陣營內的內鬥會讓反對勢力有可乘之機，不用憂慮那些心存不滿的建制派人士會“倒戈”並“投奔”反對派陣營、並相信那些有“倒戈”意向的人會受到中央的懲罰，所以有信心他們之間的內訌和分化對整個陣營的政治利益不會造成嚴重損害。事實上，根據我的觀察，儘管不少建制派人士對反對派人士既反感又擔心，但由於自己的“執政地位”得到中央和基本法的保證，我不感覺到反對勢力的挑戰在建制派人士中產生巨大的危機感。部分人甚至擁抱僥倖心態，認為如果反對派構成巨大政治威脅的話，中央必然會出手匡正局面。由於“政治確定性”高而政治危機感低，建制派人士便可以“放心”在自己的陣營內進行"窩裏鬥"。

我在上文已經講過,香港的建制派內部本來就已經存在不少矛盾和個人恩怨,而中央在維繫建制派的團結方面力度明顯不足,過分重獎賞而輕懲罰。一次比較讓各方矚目的懲罰事例是 2014 年自由黨的領導人田北俊因為要求梁振英自行辭去行政長官職位,而被免去港區全國政協委員的職務,但也幾乎是只此一遭而已。因此對從事內鬥或違反紀律者所產生的威嚇作用有限。

與反對勢力在選舉過程中較量固然可以產生凝聚建制派的作用,但爭奪行政長官寶座和議會議席同樣也會導致建制派的內訌。過去幾屆立法會和區議會選舉已經看到,在一些選區和功能組別建制派候選人互相競逐的情況。2012 年的行政長官選舉更出現主流精英屬意的唐英年和傳統愛國力量青睞的梁振英的惡性競爭局面,並引致建制派陣營嚴重撕裂的後果。在梁振英"放棄連任"後,好幾名建制派人士"摩拳擦掌",銳意在 2017 年的行政長官選舉中爭雄鬥勝,無可避免在建制派內造成分化的後果。由於建制派中人普遍擁戴中央為"共主",而中央又擁有龐大的獎賞能力,因此建制派人士和黨派在爭奪中央的信任和支持的過程中無可避免會產生互相嫉妒、相互踐踏的情況。為了獲得中央的器重,建制派人士在"寧為雞口、無為牛後"的考慮下,自立門戶,建立由自己當領導人的社團和組織,對爭取中央的垂青似乎更為划算。畢竟,只是在一個大的團體中擔當一個次要的領導職位難以獲得中央注意,更遑論器重。以此之故,新的建制派團體不時出現,而現有的團體又不斷衍生新的成員團體，由是建制派內的組織和擔任領導職務的人在數量上便有不斷上升的趨勢，而團體數量的增加無疑會引發更多的相互競爭，形成建制派內更多的分化。可是，團體數量的增加往往只是數字遊戲，對擴大建制派的社會支持基礎沒有明顯幫助。個別團體更以"出位"言行吸引公眾"眼球"，更對建制派的公眾形象造成不好的影響。

隨着香港政治和社會形勢的不斷變化，自然地會有新的建制派組織冒起以應付新的挑戰，而中央為了應對新情況也會推動新的團體的出現，近年來特別有所增加的是那些與年輕人和中產階級人士有關連的組織和一些較為"出位"的"街頭鬥士"。另外，隨着"統戰"對象的擴大，一些新的、政治立場較為"中性"的精英分子也會加入建制派，並適當地擴大它的社會支持基礎。這些發展都會造成建制派的組成更為複雜而分化程度更為明顯的情況。

在香港立法會的分區直選中，部分議席的產生辦法採用比例代表制，不過香港"特色"的比例代表制其實是一般所理解的比例代表制和"多議席單票制"的混合選舉制度，和西方國家奉行的比例代表制有明顯差異。在這個制度下，任何一個小黨派的候選人或"獨立人士"都有機會依靠小量得票而當選成為立法會議員。這個比例代表制使得建制派的候選人在同一個選區中都要進行激烈競爭，從而造成建制派的內部矛盾和分化。

與建制派相比，反對勢力面對的分化和內耗的動力其實不相伯仲，甚至尤有過之。政治學者一般認為"永久的反對派"

經常受到內部分裂威脅的困擾。穆迪 (Moody) 認為，在東亞儒家社會，"鑑於個人關係比組織更重要，反對勢力在沒有特殊的社會基礎和無法上台執政的情況下容易分裂為不同的、基於對個別領袖效忠而凝聚起來的派系。"(Moody, 1988:3-4) 事實上，自從 1980 年代初開始，屬於反對派的黨派多不勝數，此起彼落。在很長的一段時間內，港同盟和後來的民主黨可算是反對派的"龍頭"，但這個"龍頭"地位近年來已經大為削弱，遂形成"民主派"群龍無首的局面。一直以來，所謂"民主派"在反對勢力中乃主流門派，但最近十多年已經受到那些自詡為"民主鬥士"的激進勢力的挑戰，因此才有"泛民主派"一詞的出現，用以涵蓋所有的爭取民主的黨派和人士。最近幾年，"本土"、"自決"和"港獨"勢力抬頭，明確表明他們不屬於"泛民主派"，遂使得反對派內的"光譜"進一步拉開，引致部分反對派人士認為他們應該"正名"為"非建制派"或索性以"反對派"自居。再有，除了反對派內部的黨派的數目不斷增加外，各個黨派的內部又不時因為內部利益矛盾和立場分歧而出現分裂，部分成員甚至"叛離"原屬組織而成立新的黨派。

為何會這樣？主要原因有幾個。第一，比例代表制在建制派中所產生的分化作用在反對勢力中發揮同樣的作用。在立法會的選舉中，一些小型的反對派組織，尤其是那些激進和極端組織的候選人都能夠以小量的得票而贏得議席。事實上，港式的比例代表制對反對派造成的分化作用比對建制派尤甚，反對派內部的傾軋不斷與其不無關係。

第二，世代之爭在反對派陣營內特別嚴重，而在建制派則並不明顯。近年來，新世代力量在香港冒起，反映了年輕人對自己的生存和發展條件極為不滿，尤其是那些與學業、就業、事業、置業等事情。回歸前後，香港年輕人的教育程度快速上升，但作為成熟的經濟體香港的經濟增長速度，以及香港過於單一的產業結構，難以迅速為他們提供足夠合適的和有前景的工作，年輕人因此面對向上社會流動渠道閉塞的困境並對此深深不忿。再有，年輕人在殖民統治最"開明"的時期出生和成長，深受西方和反對勢力的思想灌輸，自我中心和自以為是的心態突出，對現實的認識不足，對"一國兩制"的了解有偏差並對"後物質主義"(post-materialism) 的價值觀嚮往。種種因素都讓年輕人對現狀高度不滿。他們與反對派的"老前輩"在心態上、政治主張上和鬥爭策略上產生隔膜。他們批評"老前輩"思想保守、膽量不足、個人利益考慮優先和政治策略過時，實際上已經被"建制"所"收買"並成為"泛建制派"的一部分。年輕人的激進政治態度在 2014 年底發生的"佔領中環"行動中顯露無遺。年輕人的急進主張和"無底線鬥爭"策略，再加上"自決"和"港獨"思潮的出現，讓反對勢力內的世代矛盾和爭鬥展露人前，引發了反對勢力內的不斷內訌，在相當程度上削弱了反對勢力的政治能量。

第三，反對勢力內部缺乏"共主"，引發群龍無首、協調乏力和指揮渙散的問題。由於反對勢力內部包含眾多懷有不同政治目標、抗爭手段和實際利益的團體和人士，要從中產生"眾望所歸"領袖本已困難。在其他殖民地，反殖和獨立運動是產生強勢政治領袖的絕佳土壤，但香港卻從來沒有這類政

治行動。如何處理與殖民政府和中國政府的關係又不時引發反
對派人士的分歧和齟齬。年輕人對權威、領袖、組織、謀略、
"耐心"和妥協的抗拒,更不利"共主"的出現。反對派內部
其實也缺乏足夠的相互信任,對產生"共主"不利。在沒有"共
主"的情況下,要統一行動、協調利益、減少內部分歧、促進
團結、持久有力作戰和在有需要時與對手"妥協",都會遇到
重重困難。

第四,"永久的反對派"長期在野,缺乏決策權力,又不
能調動公共資源,所以難以為其支持者謀取利益和滿足其訴
求,容易流失他們的信任和擁戴。此外,要長期保持內部的士
氣亦絕非易事。久而久之,陣營內總會有人不滿現狀,挫敗感
浮現,因此認為要另覓新的領袖,開拓和動員新的支持者,另
定新的鬥爭策略,甚至改變鬥爭目標或瞄準新的鬥爭對象。如
此一來,分化內訌便會發生,而且永不終止。如果環境惡劣,
悲觀情緒瀰漫,內鬥情況會更加嚴重。

第五,中央、特區政府和建制派的"威逼利誘"在反對勢
力陣營內容易造成人與人間的互相猜疑。當面對比自己擁有多
得多的資源和權力的對手時,反對勢力內部容易懷疑部分成員
經不起金錢、權力、職位和名聲的引誘而"投敵"。更為普遍
的,是擔心強大對手會派人潛入自己的組織或陣營內從事分
化、破壞、誤導和策反工作。在很多其他地方,反對派內因相
互懷疑而引發內耗的情況比比皆是。香港反對勢力也不例外。

第六,由於反對派人士偏重理想、信念、原則和道德的純
潔性,因此容易引發思想、立場和意識形態的無休止的爭端。

在外人看來，難以理解為甚麼一些"雞毛蒜皮"的理論和原則差異卻能夠在反對派內部產生激烈爭辯，有時甚至導致分裂的結果。不過，平心而論，如果反對派人士由於在野的關係而無法建立實質政績，則各人在理論上和思想上的"建樹"便顯得十分重要。誰能夠說服其他人他的政治理論和由此衍生出來的鬥爭策略的"正確性"和"可行性"，誰便最有機會在反對勢力內取得領導位置。反過來說，要打倒陣營內的對手或肅清敵人，最有效的辦法還是批判其政治思想和立場的錯誤或無效，甚至譴責對手為敵人說話。無論如何，思想分歧，那怕是旁人難以察覺的微小差異，是反對派分化內耗的另一重要原因。

第七，雖然反對派人士的政治立場相近，但涉及到階級矛盾的議題時則分歧頗大。香港反對派人士的共同點，是對民主的訴求和對中國共產黨的逆反心態。然而，在對待階級矛盾、民生福利、財富再分配、勞工權益、城市規劃、房屋土地等問題上他們可以劃分為保守、中間和激進分子。反對派分裂的一些事例，比如民主黨曾經經歷過的分裂，便與成員們在那些社會公義和社會改革議題上立場各異有關。

第八，隨着中央對重大的、涉及到國家利益的政治議題的立場愈趨明確和堅決，越來越主動出手處理涉及國家利益和安全的事務，和對激進反對勢力的態度越來越強硬，是否應該調整對中央的態度和策略必然會引起反對勢力的內部分歧。當權者愈趨強大，反對派則愈趨容易分裂，是政治上恆常不變的"規律"。無論是對中央採取鬥爭或合作的策略，反對派人士都希望得到中央的關注和重視。因此，部分人寧願脫離大的黨派，另起爐灶，當小黨派的領袖，期盼得到當權者的重視。誠如范德沃利 (van de Walle) 所言："只要當權者貌似不可戰勝，則反對派便難以團結起來。個別反對派領袖如果要享有政治優勢，便需要維持自己的獨立性。……作為 [一個小組織] 的領袖，更容易與當權者進行談判。當權者也會有更大的誘因與他們交易。但如果他們只是一個龐大的反對陣營中的次等領袖，則當權對他們的興趣會減少。"(van de Walle, 2006:85-86)

綜合建制派和反對勢力的發展情況來觀察，可以發現一些香港獨特和有趣的政治現象。首先，儘管香港特區的管治精英來自建制派，但建制派內黨派林立，彼此之間只形成一個鬆散、不穩定和內部矛盾重重的"管治網絡"，距離一般理解的執政黨和強勢管治聯盟甚遠。中央在這個"網絡"內擔當統籌和協調的角色，但中央卻無意甚至抗拒將建制派強化為香港的執政黨或緊密組織起來的管治聯盟。第二，香港的政黨體系（包括政黨的數目和政黨的立場）雖然經過多年的發展仍然處於雛形狀態，尚未形成一個穩定的政黨體系，黨派的數目變動不經，而彼此之間的關係尚未定型。大多數港人對政黨的認同未凝固，反而不時轉變，現有的"大黨"容易受到新興政黨、派系、團體、組合或社會運動的挑戰，這也因而導致香港的政黨體系不斷地改變。第三，所有香港的政黨在廣義上說其實都是不同程度的"反對黨"。即使部分建制派政黨為自己定位為"參政黨"，但其實卻不擁有實質意義的管治權力，反而經常要以政府的監察者姿態出現。香港的政黨政治是"沒有執政黨的政黨政治"。"沒有執政黨的政黨政治"與建制派和反對派政黨不斷分化重組有密切關係，因為只有執政黨才有足夠的機制和動力維持黨內的團結和紀律（劉兆佳，2013：160-199）。第四，在沒有執政黨的嚴明組織和紀律的規範下，建制派內部容易出現不斷分化內訌的情況。吉爾 (Gill) 提出執政黨在穩定威權政體上有七方面作用：1、控制選舉過程，壓縮反對勢力的政治活動空間。2、動員群眾支持政府。3、控制立法機關。4、維持管治精英的團結和穩定。5、管理精英的交替更迭。6、控制國家機器。7、主持政治"分肥" (Gill, 2015:122-124)。究其實，所有這些作用其實都反過來對混合政體中建制派的凝聚和團結有利。愈能發揮那些作用的執政黨，也愈能強化黨內的團結和煥發黨員的鬥志。第四，反對勢力內分化內訌情況較建制派更為明顯。第五，建制派和反對勢力壁壘分明，鬥爭不斷。縱然如此，建制派人士"叛離"到反對派，或反對派人士"叛離"到建制派事例的卻不多，反映了他們之間的政治和思想的巨大鴻溝。第六，雖然兩個政治陣營都竭力爭取港人的支持，但卻沒有強大誘因去大幅擴大其主要成員的數量。在建制派而言，既然沒有丟失政權的風險，無必要增加"過多"政治盟友，而擴大主要成員的數目只會對現有成員的利益在"僧多粥少"情況下被分薄。在反對勢力而言，謹慎挑選主要成員有利於保持自己陣營的思想純潔和防止"敵人"滲透和策反，在一定程度上"抵消""永久的反對派"內潛在的分化因素。第七，所謂建制派和反對勢力壁壘分明，實在是兩組鬆散的政治勢力之間的政治較量，因此彼此之間的鬥爭形態呈現"花樣多變"的態勢。最後值得一提的是，建制派和反對勢力的壁壘分明，在一定程度上與下面將要講述的兩個政治舞台的對碰，有重疊和互動的地方。

精英政治與群眾政治的隔膜與互動

回歸後香港的政治分化和對立其實有兩個方面。上文講述的建制派和反對勢力之間的壁壘分明代表"橫向"的對立分化，而"縱向"的對立分化則出現在精英和群眾之間。在香港，精英政治舞台和群眾政治舞台並存，彼此不能"消滅"對方。"橫向"與"縱向"分化對立之間又有某程度的交叉重疊。即是說，建制派主要活躍在精英政治舞台，而反對勢力則在群眾政治舞台較有優勢。不過，隨着時間的過去，越來越多精英分子也在群眾政治舞台扮演角色。相反，反對派人士要擴大在精英政治舞台的參與則難度較大，但仍在不斷嘗試。[23]

從另一個方面看，在香港，精英政治和群眾政治既分離，又存在對立與互動。通過對精英政治舞台的主導，香港的精英的利益獲得不錯的制度性的保護，但他們仍然不斷受到群眾政治的衝擊，背後的主要原因是特區政府和中央不能完全罔顧民意，在儘量尊重民意的同時，又在施政上呈現一定的福利主義和民粹主義傾向。在民智日開的今天，不少港人對精英分子的特權和權威不以為然，對精英政治舞台在香港走向民主化時依

---

[23] 在 2016 年 12 月舉行的行政長官的選舉委員會選舉中，反對派人士和主張民主改革的年輕專業人士在不少功能組別的選舉中取得佳績，可以視為反對勢力在精英政治舞台取得突破性發展的一個例子。

然"穩如泰山"心懷怨懟和不忿。

在獨裁、專制與威權政體中，精英政治舞台幾乎是唯一的政治舞台，所謂政治其實就是政治精英之間的明爭暗鬥，管治方式、公共政策和利益分配格局是精英們鬥爭和妥協的結果。在一些獨裁國家，精英政治舞台只有一個人和他的親信與心腹，群眾受到嚴密的政治控制，政治自由極少，而政治參與的途徑似有若無。與之截然相反的是民主政體，在那個政體下群眾政治舞台是主要的政治舞台，精英政治雖有，但在相當程度上受到群眾政治的擺佈。政治精英時刻受制於選舉政治、民意政治甚至"街頭政治"。

在混合政體中，精英政治舞台與群眾政治舞台並存，並不時發生摩擦，這正好反映了它們的"威權"成分和"自由"成分之間的張力。如前所述，香港混合政體中的"自由"成分非常發達，所以精英政治舞台和群眾政治舞台可以分庭抗禮，互動頻繁，而純粹在一個政治舞台活動的人雖不在少數，但仍有不少香港的政治人物需要不斷"遊走"於兩個政治舞台之間，累積政治資本和延續政治生命。

在香港，精英政治舞台由幾個重要部分組成。首先，行政長官由一個人數稀少的、成員絕大部分為政治和社會精英組成的選舉委員會選舉產生。民意對選舉委員會對行政長官候選人的選擇有一定但非決定性的影響。立法會的功能團體選舉辦法讓精英分子享有"不合乎比例"的政治影響力。政治任命官員和從屬於行政機關的大批諮詢委員會和法定機構是精英政治的"溫床"。特區政府與精英階層尤其是工商財團之間的密切關係，讓精英分子有充裕渠道左右政府施政。香港為數眾多的、面向精英群體的社會組織為精英分子提供爭取政治影響力的平台。不少香港的精英分子成為香港地區全國人大代表和各級政協委員，使得精英們可以通過對中央的遊說而影響特區政府的決策。不少媒體的"老闆"是精英分子，在一定程度上他們可以利用自己控制的輿論來減少政府政策對自己的傷害。其中一個很好的例子是即使香港的媒體在政治上對中央和特區政府不太友善，但它們卻很少鼓吹經濟民粹主義。要求縮窄貧富差距和向富人"開刀"的主張極少在香港的媒體出現。以上所講的是構成香港的精英政治舞台的比較矚目的元素。香港的從政者可以"單純"或主要通過參與精英政治而取得政治權力或影響力，例如當行政長官、主要官員、高級公務員、功能團體的立法會議員、經由特區政府委任進入行政會議和各類諮詢和法定組織的人員、出任主要的工商與專業組織的領導人、成為主要社團的負責人、以至擔任港區全國人大代表和內地各級政協委員。

對於那些不屬於精英階層的人來說，他們在香港也擁有不少的、讓群眾參與政治的渠道，並利用那些渠道在一定程度上影響精英的政治行為和爭取自己的利益。那些參政渠道合起來構成群眾政治舞台。我們更可以說，多元化的群眾參與政治渠道的存在，是香港混合政體的獨特之處。在眾多的渠道中，立法會的分區直選是最重要的群眾發揮政治影響力的渠道。由於香港的行政長官尚未通過普選產生，港人不能利用選票來左右行政長官的施政，所以立法會作為監察和制衡特區政府的政治機構對老百姓十分重要，而正因這個緣故，反對勢力在分區直選中長期享有優勢。對群眾而言，既然建制派和精英分子已經擁有龐大的精英政治舞台，則在分區直選中投票給建制派的候選人便"無此必要"，甚至是浪費選票。[24] 所以，一天沒有行政長官普選，則一天建制派候選人便難以在分區直選中佔有優勢，除非反對派犯了嚴重錯誤而被選民懲罰。[25] 以此之故，立法會內的所有經由分區直選產生和若干贏得功能團體議席的反對派議員，便自然而然成為群眾的"喉舌"和利益代表。

　　香港的十八個區議會的成員全部經由分區直選產生，他們理所當然是群眾政治舞台的重要構成部分。縱然區議會的實質權力有限，建制派人士又在區議會佔有大多數議席，加上區議會的職責是集中關注與地區居民生活息息相關的問題，但由於所有區議員都要向選民負責，所以無論是反對派或建制派區議員都踴躍擔當地方居民的利益捍衛者的角色。特區政府的不少政策和公共設施項目便因為區議會的反對而觸礁，比如在香港十八個地區都興建骨灰龕，或一些重大基建項目例如新界東北發展。隨着香港的政黨的發展，區議會亦變得越來越政治化，不少原來屬於民生的議題便經常成為難以處理的政治議題。

24　在 2016 年底舉行的行政長官選舉委員會的選舉中，絕大部分專業界別的選民不願意把選票投給專業界的翹楚，反而投給那些年輕、在業內沒有地位、和較為激進的候選人。這些選民肯定有這樣的盤算：既然專業界的前輩思想較為保守，而保守人士又在選舉委員會內已經佔有大多數席位，因此保守者的利益已經得到充分的照顧，所以他們認為投票予專業界翹楚便是"多餘"的，反而願意把選票投給反對派候選人，好讓反對派發揮更重要的監督中央和政府的委託。

25　反對派因為出現嚴重問題而被民眾唾棄的事例在其他混合政體也有，但一般不多。"反對派在混合政體中之所以在選舉中失利，是因為民眾對他們的內訌、貪腐、長期漠視民眾最關心的問題懷有鄙夷的態度。"（Bunce & Wolchik, 2011:46）

　　大部分媒體，包括親建制派的媒體也是群眾政治舞台的重要組成部分。香港媒體的主要特點是它們的商業性質，主要目標在於盈利。除了少數經費來自中央的所謂"親中"媒體外，絕大部分媒體都獨立於特區政府和香港的黨派。由於媒體依靠讀者、聽眾和觀眾的支持和廣告的收入，幾乎所有媒體都刻意以民意代表或"人民喉舌"自命，部分甚至經常以譁眾取寵的報導和評論招徠，當然它們的報導取向和評論立場又反過來影響民意。總的來說，群眾的訴求、不滿、怨氣、建議、偏見、擔憂、恐懼和對政治的態度都可以在媒體上得到全面反映，並形成對管治精英的巨大壓力和牽制。儘管不同媒體的立場各異，但當管治精英不得人心或施政無方時，大部分媒體會不約而同地對特區政府和建制派作"合圍"之勢。近年來迅速發展的網上媒體在聲勢上越來越凌厲，特別成為那些憤世嫉俗、蔑視權威和鼓吹激進甚至暴力行動的年輕人的組織、通信、動員和宣傳的工具。網上媒體主要是評論和意見的平台，讓"同聲同氣"者得以聚集、互相勉勵和激盪，導致思想和言論更趨偏激及行動更為激烈。那些"網民"的主觀認識，往往客觀現實情況嚴重脫節，容易將"虛擬世界"和現實世界混淆起來，從而引發更嚴重的對中央和香港管治精英的不滿和敵視。

　　民意在香港政治生活中的重要性持續上升，成為群眾政治舞台的顯赫組成部分。香港混合政體的"自由"部分讓民意有許多形成、凝聚、"簡化"和發表的空間，而且不容易受到管治精英的操控。立法會、區議會、媒體、政治人物、"民意領袖"和大量的非科學化、粗製濫造和懷有明顯政治動機的民意調查充斥於市，對真實民意造成扭曲，並對中央和特區政府形成巨大壓力。民意在香港政治之所以重要，其中一個原因是因為管治精英和建制派在反對勢力的不斷衝擊下，需要彙集民意支持予以反擊。實際上，建制派和反對勢力都在不斷努力爭取民意支持並試圖引導、營造甚至捏造民意。另外一個原因是選舉制度的存在，任何黨派和政治人物要贏得選舉都必須在民意上享有優勢。

理論上，既然行政長官和主要官員並不是由普選產生，而建制派又是"永久的執政力量"，則他們便沒有需要"討好"或起碼"不過分討好"群眾，但實際情況卻非如此。無論從國家的體面、中央的威信、"一國兩制"的順利落實和推動"人心回歸"的角度看，中央都希望行政長官和他的領導班子能夠享有不錯的民望。中央領導人不時強調在"揀選"行政長官人選時，有關人士的民望在中央的考慮因素中佔有重要位置。中央也希望所有在任行政長官都擁有良好的民意支持基礎，否則便難以有效施政，且讓反對和外部勢力有興風作浪的誘因和機會。因此，所有行政長官和有意問鼎行政長官"寶座"的政治人物，都竭力爭取港人的好感和信任，並以之來向中央證明自己的"實力"，從而反過來強化了民意的政治重要性。

香港的公民社會內有着不少的在不同程度和領域上涉足政治的民間團體，共同構築群眾政治舞台的重要部分。雖然香港缺乏那些"重量級"、有能力和威望、能夠指揮和帶領其他民間組織的團體，但這並不妨礙不同組織之間的"合縱連橫"，尤其是當它們認為需要統一行動進行抗爭的時候。近年來，不少以年輕人為主的社會和政治組織在香港、地區、專業界和網上湧現，以較激進的政見和手段吸引各方面的眼球。可以說，數量龐大、靈活多變和不斷新陳代謝是香港公民社會的力量的源泉。不過，由於香港的公民社會變動不經，並缺乏"共主"，中央和特區政府要有效處理與它的關係難度甚大。

大量的集體行動特別是抗爭行動是群眾政治舞台最為矚目的體現。遊行、示威、集會、在媒體刊登廣告等行動無日無之，此起彼落。暴力行動也不時間歇性爆發。西方媒體曾經描繪香港為"示威之都"。那些集體行動的目的很多元化，反映了不同的政治立場和具體利益，但不少以發洩情緒為主，絕大部分為時不久，後續能力不強。然而，即使單一的集體行動的效用有限，但頻密出現的話那些行動加起來則肯定對中央和特區政府構成沉重壓力。

法院本來與政治無涉，但香港法院對人權和公義的重視，卻讓法院在有意無意之間，成為群眾政治舞台的一部分。反對勢力尤其積極推動"政治法律化"。通過提請司法覆核和不斷利用政府（其實是納稅人）提供的法律援助，反對派人士和他們的"盟友"不時興訟，並往往以特區政府為被告，藉以改變或推翻政府的政策和決定，或者拖延或"叫停"政府正在進行中的工作和工程項目。由於反對勢力無法取得特區政權領導權，在立法會內又只佔少數議席，因此特別"倚重"那個對他們認為對他們的訴求比較"同情"和"體恤"的司法機關。為了使"政治法律化"，反對勢力的慣常手法是把政治或政策問題轉化為違反人權、公義、決策程序，以及政府濫權等問題，要求法院受理，並企圖利用法庭的判決來達到他們的政治目的。較為罕見的情況是反對派人士甚至不惜逆民意而行，試圖利用司法程序阻撓政府做一些港人讚成或不反對的事，其中尤為重要是那些涉及到公共工程、城市規劃、土地利用和公共設施的項目。

總括來說，群眾政治舞台雖然大致上不涉及管治權力的爭奪，反而主要是關乎對管治權力的監察和制衡，以至左右其施政路向，但群眾政治舞台由誰主導對香港的政治和管治卻仍然事關重大，因此是"兵家必爭之地"。儘管建制派在群眾政治舞台並無特殊優勢，但近年來建制派對群眾政治舞台越來越重視，而在群眾政治舞台的參與也越來越積極。過去那些似乎是反對勢力"專用"的行動模式已經廣泛被建制派採納和傚傚。由建制派策動的遊行、集會、簽名運動和示威等行動不斷增加，而且有方興未艾之勢。司法覆核已經不是反對勢力的專利。當然，來自建制派人士的暴力行為則十分罕見。

在其他混合政體，一般而言與精英政治舞台相比，群眾政治舞台較小，對管治精英不會構成嚴重威脅。以俄羅斯為例，按照吉爾 (Gill) 的描述："實際上，[在俄羅斯內] 存在着兩個彼此隔離的 [政治] 領域：民眾的和政府的。這兩個領域相對自主，主要在那個徒具形式的選舉進行時才銜接起來，所以當權者一般而言與民眾的不滿絕緣。"(Gill, 2015:75) "在葉利欽治下，俄羅斯政治的特徵是精英政治獨立於社會上的各種社會利益。……在那個時期，一般而言社會利益並不明確、尚未成形、不善於表達及沒有通往精英的清晰管道。"(Gill,

2015:177) 格林 (Greene) 亦有相同看法："[俄羅斯的] 政治制度刻意讓公眾遠離政治和政策，只有那些不會推翻那個特權和無需對人民問責的、'可靠' 的精英分子才被容許參與政治競爭。"（Greene, 2014:90）"[政治精英俱樂部] 不會容許精英分子使用行政機關以外的資源來動員群眾以謀取晉陞機會，因為這樣做會動搖整個政治架構，並且會損害那個政治俱樂部所有人的福祉。"(Greene, 2014:90) "……俄羅斯的精英們既受到權力和特權的引誘，又因為擁有充足的自然資源而無需向人民問責，所以他們脫離了群眾。"(Greene, 2014:91)

在香港的混合政體，管治精英卻沒有那麼 "幸運" 而得以 "遠離" 群眾。雖然精英政治舞台和群眾政治舞台有一定的分隔，但卻非隔絕。兩個政治舞台實際上有不少重疊，而且不時碰撞。舉例說，部分建制派人士會參與分區直選，並需要努力爭取民眾的好感和支持和反駁反對勢力的批評。一些反對派人士為了爭奪權力也會參與立法會的功能團體選舉和行政長官的選舉委員會的選舉，並試圖藉此影響管治精英的立場和行為。總的來說，相對於反對勢力而言，建制派精英較為滿足於在精英政治舞台內活動，對參與群眾政治舞台的興趣不大，而且也缺乏相關的個性與技巧。相反，由於反對派擁有的政治權力較弱，所以他們熱衷於不斷發動群眾來衝擊管治精英，力圖迫使他們順應自己的要求，同時希望藉此在群眾中強化領導地位。無論如何，對反對勢力而言，精英政治舞台的存在，根本不符合民主原則，因此不但不能承認，而且要竭力盡快取締，特別是通過政制改革來徹底 "消滅" 它。

　　儘管部分人同時參與精英政治和群眾政治，但由於精英與群眾的隔膜和矛盾，要處理好兩者的矛盾殊不容易，要同時取得精英階層和普羅大眾的認同很難。香港愈趨嚴峻的貧富差距使精英和群眾的對立情況更為嚴重。精英政治與群眾政治性質迴異，各有不同的遊戲規則，也要求不同的政治個性和技巧。精英政治注重循規蹈矩、尊重等級次序、凸顯論資排輩、政治晉陞遵循拾級而上的原則、具有較為明確的晉陞階梯、着重維護精英階層的團結和聲譽、反對煽動群眾、要求長遠政治承擔和強調以大局為重。群眾政治則着重贏取個人民望、建立個人政治威信、表達某程度的反精英主義和民粹主義、展示“出位”行徑、動員群眾和與群眾打成一片，而如何做好那些工作則取決於變化莫測的社情民意和政治形勢。儘管建制派精英之間矛盾重重，但中央在其中可以發揮一定的團結和協調作用，而能夠發揮多大作用則取決於中央的意圖和決心。直至殖民管治結束前夕，香港的政治主要是精英政治，而港督和高層官員則是精英政治舞台的主角。當時的政治精英頗為團結，又沒有受到群眾政治和反對勢力的掣肘，究竟願意對群眾的訴求作出多大回應與讓步取決於當時的政治形勢和管治精英的意向。無論如何，回歸後精英政治和群眾政治的長期並存與“一國兩制”方針蓄意要同時維護精英利益和搭建群眾政治舞台有關係，但卻使精英利益和群眾利益難以調和。隨着民粹主義和反精英、反權威主義、及反對大財團特別是反“地產霸權”意識的抬頭，精英和群眾之間的摩擦不斷增加，兩種政治互相碰撞。再者，隨着香港的不斷民主化，群眾政治對精英政治的衝擊有所上升，使得精英們對民意民情不能不有所忌憚。部分精英也開始利用民意幫助自己在精英圈子中獲得利益，即使因此而違反原來的精英政治的遊戲規則，也在所不惜。群眾政治插入精英政治之中在一定程度上造成了精英的分化。在非民主社會，精英政治主導；在現代民主社會，則群眾政治主導。但在混合政體之中，兩種政治並存，兩者之間的比重則不盡相同。香港的精英由於權力穩固，因此沒有發展出一大批應對群眾政治的機制、手腕和經驗，而且又不願意在群眾政治舞台投入大量資源，很多時候只是粗暴地排拒群眾的利益和訴求，因此更容易引起群眾的反彈和不滿，也為反對勢力的壯大帶來機會。

兩個政治舞台的摩擦，在相當程度上源於精英與群眾對財富和收入兩極化的態度，和在經濟分配與在分配政策上的差異。自從七十年代開始，香港的貧富懸殊問題愈益惡化。在發達經濟體中，香港的收入差距之大"名列前茅"，素為社會各界所詬病。誠然，雖然不少民意調查發現港人期望政府"劫富濟貧"，但實際上香港尚未出現強大的、要求政府推行重大的財富和收入再分配政策的呼聲和行動。然而，來自基層和勞工的、增加社會福利和改善工作條件與報酬的訴求、則隨着時間的推移不斷疊加。精英階層一般對來自基層和勞工的要求頗為抗拒，認為對香港的經濟發展不利，違反自由市場經濟原則，並會把香港推向"福利國家"的死胡同。當然，精英們也不願意"犧牲"自己的利益而向勞工和基層"讓利"。此外，即使在政治立場上，香港的精英和群眾之間的差距亦頗為明顯。不少港人尤其是年輕人對"一國兩制"和基本法給予精英的政治優惠或"特權"不以為然，覺得精英分子應該走入群眾，聆聽群眾的聲音和訴求，並接受群眾的監督。不少香港的精英對此感到不安、厭煩和擔憂（可參考 Haggard & Kaufman, 2016）。

由於港人明白，在"保持香港原有的制度和生活方式五十年不變"的前提下，群眾政治舞台"永遠"不能"壓縮"或"拆掉"精英政治舞台，並相信香港來自建制派的管治精英仍會長期甚至"永久"操控政治權力，因此港人容易產生對政治的疏離感、無力感和怨懟之情。一路下來，對管治精英懷有逆反心態的民粹主義便會油然而生。相反，由於建制派長期擁有特區政權，無需面對失去政權的"政治不確定性"，所以有着頗高的"政治安全感"，並對群眾政治舞台的存在能夠採取容忍的態度。即使群眾抗爭行動持續增加，而行動的激烈程度又越來越高，但只要不會危及到政權的安危，建制派人士雖感厭惡和不安，但仍會"泰然處之"，不會隨便以鎮壓或武力手段對付，這便讓群眾政治舞台有長期生存的條件。在誰也不能消滅誰的情況下，並考慮到"精英政治舞台"和"群眾政治舞台"的力量對比又因為政治和經濟環境的變遷而不時出現若干變化，所以兩個政治舞台之間便呈現"動態政治僵局"的狀態。

民粹主義情緒目前和在過去一段時間肆虐全球，更在鼓吹理性和包容的西方國家蔓延 (Zakaria, 2016; Kazin, 2016; Mudde, 2016, Judis, 2016; Müller, 2016; Mudde & Kaltwasser, 2017)，其中帶有強烈國家主義、民族主義和排外情緒的右翼民粹主義尤其兇猛 (Piero, 2003)。所有民粹主義的共同點是把群眾與精英對立起來，民眾代表"善"而精英則代表"惡"，但民眾卻長期受到精英的壓迫和盤剝。民粹主義鼓吹打倒精英和建制，從而為民眾帶來光明和美好的未來。儘管眾多歷史經驗表明，民粹主義帶來社會的分化、經濟的滑坡和代議式民主的崩壞，但民粹主義仍然會在群眾對社會不公深惡痛絕的氛圍下滋長和蔓延。

香港的民粹主義主要以政治民粹主義方式表達出來，經濟民粹主義雖有但較為低調。不少港人對管治精英不滿，對香港的民主化發展緩慢有怨言，對香港的管治成效不彰和政治鬥爭熾烈的狀況擔憂，因此反對政治權威的意識高漲。相反，儘管香港的經濟集中情況突出、貧富懸殊問題嚴重、年輕人上流機會匱乏和香港經濟前景不明朗，由於大部分港人仍然認可香港的資本主義自由經濟模式，依然覺得香港是一個能夠為努力奮鬥的人提供機會的社會，而且不相信政府應該承擔過多的經濟和社會角色，因此把自己對個人和社會的不滿轉移到對經濟精英不滿的情況尚不算太明顯。過去二十年來，因應港人對政治和管治狀況的不滿情緒不斷上升，針對中央、特區政府和建制派的民粹主義持續抬頭。近年來，由於對特首梁振英的不滿嚴重、對中央"阻撓"香港的民主化有怨言，民粹主義進一步發酵，並釀成一連串的激烈行動，2014年底爆發的"佔領中環"行動可謂其中的表表者。2015年底"突然"發生的旺角暴亂、2016年9月一些激進的"本土"、"自決"和"港獨"分子在立法會選舉中贏得了若干議席、2016年12月反對派人士在行政長官選舉委員會的專業界別選舉中取得歷史性的佳績，更是民粹主義"氾濫"的明證。在民粹主義上升之際，部分媒體和政客更發揮推波助瀾的作用。香港政治癒趨"零和遊戲"化、泛政治化、泛道德化、人身攻擊化、情緒化、非理性化和暴力化與民粹主義的冒起有密切關係，甚至可以被視為民粹主義的"孿生兄弟"。

　　無論如何，民粹主義的抬頭在港人尤其在年輕人當中已經產生了明顯的反權威、反建制、反精英、反等級、反領袖和反組織等嚴重後果。它不單削弱了精英政治舞台的認受性，也加深了特區政府管治的困難。較少為人所知的是因應民粹主義的興起，精英分子也越來越鄙視群眾，覺得他們不懂得尊重對社會有貢獻的人，不曉得"知恩圖報"之道，只知道以群眾壓力"剝奪"他人努力奮鬥的成果，因此更不願意承擔精英對社會和對老百姓的責任感 (可參考西方的經驗，見 Lasch, 1991, 1996) 。如此一來，精英和群眾之間的隔膜更為嚴重，而精英和群眾兩個政治舞台之間的碰撞則愈難處理。

抗爭政治不斷升溫成為常態

　　香港混合政體的另一獨特之處，是集體抗爭行動不斷升溫成為常態，而不少抗爭行為已經逐步由原先被視為不正常的、非正規的政治參與方式 (unconventional political participation) 轉化為被主流民意接受的正常的、正規的政治參與方式 (conventional political participation)。香港主流社會越來越對此不以為怪，甚至認為是有效的迫使中央和特區政府讓步的手段。對不少港人而言，抗爭行動乃是對"不公平"的主流政治遊戲規則和做法的回應，儘量利用存在的政治空間來進行鬥爭，但卻不完全服從主流遊戲規則（比如有時使用過度暴力）。香港的抗爭行動有不斷走向制度化、常規化 (routinization)、蔓延化 (diffusion)、和常態化的趨勢，並在形態上越來越與西方"接軌"（Meyer 2015:201）。越來越多的人以組織和發動抗爭行動為一種"專業"，不單是為了"餬口"，更以之為從政或"揚名立萬"的"敲門磚"和"捷徑"，因此香港的抗爭行動蔚為風氣，而且有愈趨專業化和團體領導化的勢頭。在某程度來說，香港已經成為政治學者所界定的"社會運動社會"(social movement society)。每年的"七一"遊行和"六四"燭光晚會更已經成為香港反對勢力的"盛事"和籌集政治資本的機會。近年來，建制派也學會了用集體行動來表態支持中央和特區政府，並以之來反擊與反制反對勢力。

香港大部分的抗爭行動並非由香港的政黨發動，而是由不同的民間團體所策劃。事實上，抗爭行動越來越反映港人特別是年輕人不認為現有的政治體制和其中的主要機構和各個黨派能夠"代表"自己，甚至視之為自己的"對手"。抗爭行動的增多，除了進一步削弱本已處於弱勢的主流政黨外，也加劇了政府施政的困難和導致政治僵局的出現，從而使得更多的社會問題難以解決。

更為麻煩的是，越來越多教育程度高的人也採取抗爭行動來宣洩不滿和表達訴求。其實，如果沒有中產人士的積極投入，香港也不會出現那麼多的抗爭行動。這無疑又反映了中產階級的內部分化和部分中產人士走向激進化。大體來說，回歸二十年來，因為生存和發展條件不比從前，加上中產人士對平等、公義和民主的訴求較其他人強烈，則他們的政治挫敗感和疏離感自然又比其他人沉重。正如在今天的美國，"抗爭行動越來越是正常政治的補充而不是另類選擇，因為連民選政客都在示威場合演說，有時甚至被拘捕。⋯⋯儘管美國社會不缺法律容許的管道去發揮影響力，但抗議和社會運動仍不斷發生。⋯⋯美國的立國之父設計了一個具備眾多否決點 (veto points) 的政治制度。這個制度讓各種異議能夠公開發表，從而更易於對付。"(Meyer, 2015:2) "新媒體為政治活躍分子提供管道彼此接觸，有時更讓他們聯繫到更多的人，⋯⋯從而開創新形式的政治活躍空間。⋯⋯與此同時，那些新的積極分子之間的聯繫其實頗為薄弱。當時機已過或激情減退的時候，建立在新媒體上的群體便很快消散。"(Meyer, 2015:136-137) 美國的"佔領華爾街"行動便是很好例子。事實上，雖然香港不是美國式的民主政體。但香港的抗爭現象在很多方面與美國極為相像，充分反映了"自由"成分在香港的混合政體中的巨大比重。

在不少混合政體，抗爭不是反對勢力的"專利"，其實建制派也不斷搞抗爭行動。在俄羅斯，"抗爭不時出現，但卻受到政治精英的管控。反對派策動的抗爭往往被壓制，當權者不但經常以先發制人方式阻止抗爭出現，而且自行策動親政權的集體行動。"(Robertson, 2011:3) "儘管當權者容許一些政治競爭，政府和領導人清楚知道要成功實施威權管治，他們必須要管控兩個層次的政治：選舉政治和街頭政治。"(Robertson, 2011:3)

在混合政體中，一些反對勢力慣常使用的鬥爭手段也會被當權者引為己用。管治精英也會採用群眾動員的方式來達到政治目標，比如策動大規模的支持政府的遊行和集會、組織集體行動來對抗反對派的群眾動員。所以，"在混合政體中出現的抗爭行動也帶有混合性。一方面是那些經常在威權政體中見到的孤立和直接的抗爭，另方面則是那些與民主政體中的抗爭相類似的帶有像徵意義的抗爭方式。在混合政體中，許多抗爭是受到管控的。即是說，它們被容許，受到控制，但同時又整合到管治精英的管治策略之內。"(Robertson, 2011:4)

混合政權的管治精英也會組織一些貌似反政府，但實際上是親政府的群體和行動，來削弱反對派對人民的吸引力，比如成立一些在政綱上與反對派黨派接近甚至更為激進的小政黨，目的在於在選舉中稀釋反對派的得票 (Wilson, 2003)。俄羅斯政府對付反對派的一個重要手段正是以群眾鬥群眾。克里姆林宮贊助那些貌似非政府組織的組織來消除或淡化各種革命威脅。當權者認為把非政府組織置於監視體系之下並不足夠，他們更進一步通過財政支付來組建屬於自己的'愛國'公民社會。……克里姆林宮最重要的新穎動員手段是成立那些偽革命青年組織，例如，成立一個名為'我們'('Nashi')的團體，利用它來抗衡年輕人的激進化訴求和民主運動的興起。那些新的親克里姆林宮的組織的首要目標是防禦性的，即是要把年輕人的反叛動力導引到無害的和'愛國'的管道中去。"(Horvath, 2013:6-7) 在香港，雖然香港也是混合政體，但回歸以來直到最近，香港的抗爭行動並沒有出現"混合"的景象，那是因為建制派不覺得反對派的抗爭行動對他們構成嚴重的威脅，甚至認為那些抗爭行動可以讓群眾"消消氣"，對政局穩定有幫助。近年來，建制派策劃和參與的抗爭和群眾行動有所增加，最明顯的是建制派策動的支持中央對行政長官普選的立場、反對"佔領中環"、反對"港獨"和支持全國人大常委會對基本法第104條的解釋的大型集會或／和簽名運動。因此，香港的抗爭現象已經開始呈現了若干"混合"的形態。

最近，"公民抗命"(civil disobedience) 作為一種更激烈的抗爭模式在香港有所增加，參加者多為年輕一輩。他們藉着刻意違反法律對一些"不公平"、"不公義"和"不合理"的現實情況作出控訴，爭取廣大群眾的同情，意圖迫使政府作出改革或順應他們的要求。美國是公民抗命的發源地。"當更多不同利益的人覺得單靠正規政治參與管道不能保障自己利益的時候，抗爭行動，包括公民抗命，便會持續增加。在美國政治，抗爭的歷史有累積性。過去能夠安全地和成功地運用公民抗命的事例的不斷出現，會鼓勵更多挑戰者採用這個方法，這便會使得有效管治和政策改革更為困難。"(Meyer, 2015:171) "當越來越多的社會群體向政府提出訴求，而政黨又越來越走弱時，政府便越來越難於有效處理衝突和在衝突各方作出選擇。在這種情況下，某種各方面都不喜歡見到的政治困局便會出現。"(Meyer, 2015:223) "在所有關於公民抗命的討論中，究竟公民抗命是否合法或為何合法，人們幾乎都沒有能夠得到一般性或理論性的確定或分析。"(Perry, 2013:7) "公民抗命之所以吸引，是因為抗爭者假設了懲罰必輕。"(Perry, 2013:14) "我相信在美國的傳統中,願意被認出來和接受懲罰是界定公民抗命的標準。"(Perry, 2013:15)"很多時候,公民抗命的目的究竟是遵循個人良心做事、宣揚道德信念、還是顯示力量難以分清楚。"(Perry, 2013:18)

公民抗命在香港的最極端例子,是 2014 年底爆發並持續了七十九天的"佔領中環"行動,參加者主要是年輕人和學生。一些香港學者、政客和媒體近年來不斷鼓吹公民抗命,但各種證據顯示,一向以守法為傲的港人對公民抗命並不接受和認同,甚至認為它會對香港的法律和司法制度造成損害,既不符合香港的根本利益,又對入世未深的青少年傳遞錯誤的觀念。即使是法官對是否應該依法懲治那些公民抗命者還是應該對他們網開一面也意見不一。因此,"佔領中環"行動之所以能夠發生並為時甚久,只能當作特殊事例對待。假如不是因為不少港人不滿意中央對行政長官普選的態度,和多年來積累起來的對行政長官梁振英的不滿和怨氣,因而覺得"佔領中環"的參加者為他們發洩不滿之情,所以即使不讚成他們的激烈違法行為,也願意予以容忍,並反對特區政府以武力驅散他們。不過,即使如此,當"佔領中環"行動開始對個人和香港造成的損害越來越明顯時,港人便對佔領者施加壓力,迫使他們最後"自願"退場。

然而,即使政治衝突在香港回歸後連綿不斷,而且有愈趨激烈和暴力化之勢,但與其他地方比較,香港的政治衝突可以說仍然在固定範圍內發生 (bounded political conflict),所以就算對香港的政治秩序造成損害,但不至於對香港的穩定和制度運作帶來無法挽回的破壞。這與港人仍然懷抱相當的理性務實態度，及對穩定和秩序有強烈的憂患意識有關。過去幾十年來，縱使香港經歷了不少政治跌宕起伏，但香港的日常行政管理、市場體系、法律系統和治安狀況依然良好，而經濟增長仍然不錯。可以說，在香港，政治鬥爭和其他社會領域之間存在某種"絕緣體"，使得政治衝突不致對社會、經濟和法制的運作產生過大的影響。

反對派人士經常發現，港人對抗爭行動的容忍度其實有一條紅線，不接受過度激烈和暴力的言行。政治人物如果踰越那條紅線，便會遇到社會的強烈反彈，為自己帶來政治損失。誠然，港人的紅線在不斷改動，而他們容忍激烈行動的"氣量"在逐步擴大，但暴力和太"離經畔道"的行為卻迄今不為港人所認可。一個很好的例子是港人對 2016 年初農曆新年發生的旺角暴亂嚴厲地口誅筆伐。另一個好例子是，2016 年末港人普遍譴責梁頌衡和游蕙禎兩名"候任"立法會議員在宣誓時侮辱國家和民族及不尊重立法會的行徑。可以這樣說，香港的政治"動盪"只能在港人可以容忍的固定範圍內發生，不至於陷香港於無法控制或無法管治的情況。反對勢力頂多以激烈言行阻撓政府施政與不斷製造事端和混亂，但卻沒辦法在關鍵問題上迫使中央和特區政府就範。

行政與立法關係緊張、執政黨／管治聯盟的缺位和管治困難

由香港的政治鴻溝衍生的建制派和反對勢力的對抗，及精英和群眾政治舞台之間的碰撞最具體和尖銳地反映在行政和立法的長期緊張關係上。不過，鑑於建制派掌控了立法會大部分的議席，而立法會的權力在"行政主導"的政治體制下又不算太大和太多，理論上香港的管治精英應該仍然能夠有能力駕馭形勢，而即使反對勢力如何負隅頑抗，政府絕大部分的法案和財政預算案應該依然得以順利獲得立法會的通過，而政府的施政也不應該遇到難以克服的障礙。

然而，回歸二十年來，管治的實際情況雖非過度困難，但卻難言暢順。有些人以"無法管治"(ungovernable) 或"管治危機"(crisis of governance) 來形容特區的管治，顯然過分誇張，不反映實際情況。平心而論，與那些飽受語言、種族、民族、地域、宗教衝突所蹂躪的國家包括西方國家比較，香港面對的管治困難不算太嚴重。不過，如果與過去的殖民管治那種"風平浪靜"的管治形態比較，則回歸後香港的管治確實是"風雨交加"。首先，政府提出的政策和施政方向不斷受到立法會和社會不同方面的挑戰，部分政策難以推行或被迫放棄，最明顯的例子是稅制改革、政制民主化、標準工時和醫療體制和融資方式的改進。第二，立法會內的反對派議員不斷以各種行動阻撓立法會的工作，從而讓政府的施政難以開展。第三，部分媒體對行政長官和特區政府頻密攻擊，並引導民意質疑和反對政

府的政策、措施和決定。第四，作為一個開放的社會，加上其混合政體中的"自由"成分相當充裕，不同的利益，也不單指盤根錯節的既得利益，都可以利用不同的渠道和方式反對或拖延特區政府的政策和決定。第五，為數不少的司法覆核訴訟，無疑對政府推行政策設置重重關卡，拖慢了制定和落實公共政策的速度。第六，特區政府如果要引進重大和影響深遠的政策，它面對的困難會倍增，有些時候不得不放棄已經提出的政策或不敢提出新的政策。第七，立場各異的媒體在自身利益的驅使下不時"聯手"反對政府提出的政策，同時又頗為成功地與政府爭奪公共議程的"制定權"。以此之故，回歸二十年來，縱使要求特區政府推行重大改革以推動經濟轉型升級和改善民生狀況的聲音不斷，但真正和重大的政策新猷卻如鳳毛麟角。在一定程度上，特區管治所面對的困難，的確對香港經濟的長遠發展和社會矛盾的有效紓緩不利。

　　不過，儘管如此，特區政府仍能保持不錯的行政管理水平，擁有一支高素質的公務員隊伍，維持良好的治安，提供良好的公共福利與服務，確保大部分提交的法案和全部的財政預算案在立法會順利通過，確保市場的暢順運作，妥善應對金融危機，興建重大的基本設施等。當然，如果香港特區擁有穩定和諧的政治環境，特區政府享有良好的公眾信任和支持，香港的政治衝突稀少，行政與立法關係和恰，立法會運作順當，則特區的管治肯定更上一層樓，而香港的經濟競爭力、民生的改善和長遠的發展也會獲得更周詳和適切的推動。

　　在香港這種獨特的混合政體中，由於其"自由"成分充沛，所以有效管治更多需要依靠在精英階層內推行有利於管治精英團結的權力分享，而非依靠對群眾的控制，因為在自由威權政體下要控制群眾殊不容易。管治精英團結一致，才能夠更好的駕馭政治形勢，動員群眾的支持，理順不同基層的矛盾，克服反對勢力的阻撓，確保行政機關和立法會的相互配合，並徹底打破長期困擾香港的"動態政治僵局"，而當中尤其關鍵的是良好的行政與立法關係，因為特區政府的法案和財政預算案必須獲得立法會的通過，不然政府的施政便舉步維艱。

其他混合政體的管治經驗說明，要達到有效管治，一個執政黨或強勢的管治聯盟必不可少，而那個執政黨或管治聯盟必須能夠駕馭立法機關和通過靈活施政來贏取民眾的支持。以普京領導的俄羅斯為例，由於管治精英在國家發展方向上能夠形成共識，所以精英階層比較團結和穩定。"當國家發展方向不再是公眾爭論的焦點時，那些主要的原則性問題便被那些具體的政策性和技術性的問題所取代，這意味着對政治體制的共識已經能夠在精英之間形成。……[相反，]葉利欽是一位製造不和的人物，這與他的個人歷史、工作方式和他的政策取向有關。…… 普京的連貫性的工作作風以及他的較強的在現有制度和程式內運作的能力…… [加上他願意]為下屬提供晉陞的機會、善待那些在精英鬥爭下的失敗者，所以在普京治下精英衝突並非零和遊戲。"(Gill, 2015:194-195)

在俄羅斯，"政治體制的總統制性質，加上政府既非嵌入於國家杜馬[俄羅斯立法議會]之內[指政府非從立法機關產生]，又非向其負責，因此在成立政府時缺乏一種要在立法機關內奪取大多數議席的、因為制度使然的迫切性。所以，立法機關便難以成為推動完整政黨體系出現的動力。"(Gill, 2015:113) 實際上，俄羅斯的政黨在選民和國家杜馬內重要，但卻在民選的政府機關內缺位，並且不能夠主導選舉結果。在俄羅斯，能夠取代政黨的功能的組織和機構很多，可以代替政黨提供那些與選舉有關的產品和服務，因此妨礙了政黨的發展。黑爾 (Hale, 2007:19) 認為，俄羅斯的管治精英控制了一個強大的行政機關，可以為選舉中的候選人和選民提供大量好處，讓他們無需依賴政黨。"……俄羅斯的政治體制停留在一個局部政黨體系的狀態，原因是那些競逐席位的候選人除了政黨外還有其他選擇來滿足他們的選舉需要。"(Hale, 2007:23) "……大量事例說明，在俄羅斯的選舉角逐中，不但政黨與政黨之間鬥爭劇烈，政黨還要面對來自金融和工業財團、地方官員的政治機器和那些擁有大量個人資源的獨立人士的競爭。" (Hale, 2007:25) 簡單說，在俄羅斯，普京總統和他領導的管治精英組成了一個強勢的、無執政黨之名但卻有執政黨之實的管治聯盟，並借助對行政機關的控制和公共資源的調動來實施管治。在這個格局下，無論是"親政府"或"反政府政黨"都難以強大起來，而且還要與其他"政黨的代替品"爭逐群眾的支持。

　　日本雖自詡為"西方"民主國家，但實際上是一個與西方國家不一樣的"一黨獨大"政體。日本的執政黨—自由民主黨—黨內派系林立，組織鬆散，黨內政客主要依靠自己而非政黨的資源來維繫政治地位 (Krauss & Pekkanen, 2011)。最重要的，是自民黨"實行"不同派系"輪流"執政的非正式制度。這種安排的優點是通過讓代表不同利益、立場和政策取向的派系"輪流"執政來應對不斷變遷的政治局勢和人民的訴求，從而在國會選舉中取勝並保持執政地位。"施政靈活"是自民黨得以長期執政的法寶。"自民黨的強項之一是它的靈活性……這種因應內外環境及民意的變遷而進行政策調適的靈活性和能力被稱為'創造性的保守主義'(creative conservatism)。……它與其他地方常見的、囿於意識形態的做法形成對比。……所有的反對派政黨都在[自民黨]的左邊[，因此無法取得主流民意的支持]。……自民黨代表了所有的從農民到小商戶到城市中的大工商財團的社會利益。……自民黨作為一個包含廣大利益和務實的、非左翼觀點的政治聯盟呈現多樣性的特徵，並同時具備一個權力頗為分散的政黨結構。這個鬆散政黨結構與其多樣性頗為切合，對該黨甚為有用，讓自民黨的成員得以走在一起。……與其他民主國家的政黨相比，自民黨的黨領袖只在少量決策領域發揮重大作用[，從而讓更多的普通黨員享有政策影響力。"(Krauss & Pekkanen, 2011:14-15) 考爾德 (Calder) 亦認為，這種靈活性表現在日本的公共政策不時發生"突變"的現象中。"在日本的決策行為中，我們發現突然由靜止狀態轉到巨變狀態的情況。"(Calder, 1988:4)"導致日本的內政方針進行創新的最有力引擎，不是慣常的工商利益集團或勞工團體的遊說工作，也不是政府的策略性規劃，而是突然而來的危機。"(Calder, 1988:20)"為了穩住他們的經常不穩固的個人處境，日本的保守政客慣常向他們需要爭取的關鍵支持者大撒金錢和其他利益。大財團甚至官員都默許這種偏離經濟合理性的做法，務求達致整體的穩定。"(Calder, 1988:21) "總體來説，日本政府在不同政策領域決策的主要形態是一個危機 (crisis) 和補償 (compensation) 不斷重複的現象。……日本在工業和外交政策上的效率驅動模式在其他政策領域經常不管用。"(Calder, 1988:23) "在日本，政策的改變十分迅速，政策往往前後不連貫。短時間內政策的方向出現突變，政策創新又會在極短時間內如暴風驟雨般發生，然後又出現一段頗長時間的穩定。"(Calder, 1988:24) "這個危機和補償不斷重複出現的本質是政府和其黨內和黨外的反對者相互調和的複雜過程。換句話説，這是一個反對派不時獲得 [來自執政黨的] 補償的過程。補償通常出現在執政黨執政地位動搖或其國際公信力因為內部鬥爭而受損的時刻。"(Calder, 1988:25) 同樣地，新加坡的人民行動黨政府也依靠制度和政策的靈活性來應對國家和人民不同發展階段的需要，不時推出新的政策的制度，從而獲得人民的擁戴和延續其執政地位 (Calder, 2016)。

　　香港的"動態政治僵局"具體呈現在行政和立法的緊張關係上。特區政府在立法會內沒有穩定和可靠的大多數議員的支持，而立法會內又缺少一個控有大多數議席的"親政府"政黨，反而是黨派林立。雖然建制派的黨派擁有的議席加起來佔有超過一半立法會議席，但在那些不涉及"大是大非"問題上，它們也不一定合作無間，主要原因是黨派利益的分歧和對社會民生政策的不同立場。反對派的立法會議員固然以監察、制衡、批評或衝擊特區政府為務，即使不少建制派議員也因為選舉的需要而要與特區政府保持距離。當行政長官民望低沉時，就連建制派議員亦不時會與特區政府"抬摃"，這個現象在梁振英主政時期尤其普遍。簡言之，回歸以來，由於缺乏一個能夠同時"領導"行政機關和立法會的執政黨或管治聯盟，行政與立法關係便長期處於某種緊張和不確定狀態。在這種情況下，中央駐港機構便無可奈何地扮演了"黨鞭"的角色，運用中央的權威和賞罰能力，催促建制派立法會議員"以大局為重"支持特區政府。不過，此舉無可避免會貽反對勢力批評中央干預香港事務之機。

在相當程度上，香港建制派既然不虞丟失政權，中央和建制派人士便缺乏強大的政治誘因組建執政黨或管治聯盟。只要管治不至於太失效，或者反對勢力過分強悍，香港特區的管治在中央的統籌和協調及建制派的"一定程度的合作"下也不至於過度艱難，因此可以讓現行的政治安排和格局"湊合"地運作，頂多不時遇到一些障礙和麻煩罷了。再者，既然沒有執政黨或管治聯盟，則容許建制派內不同勢力好像日本自由民主黨內的不同派系般"輪流"執政、推行不同政策以應對不同的政治需要便缺乏組織和制度的基礎。相反，建制派內的精英分子固然不會容許代表基層和勞工利益的勢力掌權，而"主流精英"也不會願意讓傳統愛國勢力有得勢的機會，更遑論"分享權力"和"輪流執政"機會。建制派內的黨派互不相讓、不斷傾軋的情況在梁振英主政下暴露無遺。事實上，如果管治精英人數少，則能夠成為管治精英的人便會得到更多的政治和物質回報。有學者甚至斷言小型的"管治聯盟"通常只會為其核心支持者提供好處，而不會為大眾提供公共產品 (Bueno de Mesquita et al., 2003)，尤其是那些惠及勞工和基層的福利政策。

既然不虞失去政權，則那些不利於組建執政黨或管治聯盟的因素便影響巨大。之前我提過中央對政黨執政戒心甚重，因此在回歸前夕，當香港特區籌備委員會制定第一任行政長官的產生辦法時，當選的行政長官被規定不能有政黨背景。行政長官不能參加政黨，則任何政黨由於不能執掌政權都難以建立威信和擴大勢力。一直以來，高層公務員不能參加政黨，甚至連參與政治活動也受到嚴密限制。[26] 縱然後來的政治任命官員可以有政黨的聯繫，但他們的效忠對象也只能是中央，而行政長則是他們的上司兼 "服務對象"。在這種情況下，名正言順的執政黨根本無法建立起來。再有，由於行政長官並不是由立法會產生，也不是來自立法會，行政長官有中央的支持和自己的社會基礎，所以無需依靠立法會內的多數黨或多數黨派聯盟才能當選。行政和立法分家顯然不利於執政黨的建設。

中央對執政黨以至強勢的管治聯盟的成立有揮之不去的顧慮，依我看來有幾個原因。其一是既然中國共產黨是全國的執政黨，則香港的 "執政黨" 只能接受中國共產黨的領導。香港執政黨無論如何建構，都會引起各方面質疑中央的 "港人治港" 和高度自治的承諾。其二是如果行政長官是執政黨的黨

26　在墨西哥，"墨西哥的公共官僚體制從來都受到政治控制。只有在革命制度黨在 2001 年丟失總統寶座後一支專業化的公務員隊伍才逐步發展起來。"（Greene, 2007:99）

魁，則中央便不再是他的首要效忠對象，而他也不能夠真正的向中央負責。其三是香港的執政黨必須參與行政長官和議會的選舉，為了取得佳績，它必須在相當程度上回應港人的訴求。如果是這樣的話，則那位必須向中央效忠的行政長官便因為"夾在"中央和港人之間而不能夠完全向中央效忠。在"一國兩制"下，行政長官是"兩制"之間的銜接點，他是中央賴以確保"一國兩制"成功落實的"抓手"。如果行政長官需要徘徊在中央和港人之間，而港人與中央又有明顯的分歧和矛盾，則那個"抓手"便不但不可靠，有些時候甚至會成為中央的"對手"。其四是鑑於建制派內部利益分歧和個人恩怨嚴重，勉強把所有建制派人士揉合起來難度甚大，要維持嚴明的紀律也相當困難，搞得不好反而會製造更多內部爭鬥。其五是考慮到當前香港的情況，成立執政黨是一項巨大政治工程，中央必須高度參與才有成功的希望，但只要高度介入的話，又會引發港人的擔憂。其六是那個執政黨肯定被各方面視為中國共產黨的"分支"，所有對中國共產黨的逆反情緒將會投射到它的身上，並將中國共產黨和部分港人對立起來。此外，在各種選舉中，這個執政黨只能贏而不能輸，不然連帶中國共產黨的威信和名聲都蒙受損害。最後，中央和港人理解到行政長官除了是行政機關的首腦外，也是香港特區的首長，因此需要照顧香港的"整體利益"，要"政治超然"，不能給群眾一個偏袒個別或局部利益的印象。除非那個執政黨是"全民黨"，不然難以服眾。不過，在香港的政治鴻溝下，要求執政黨能夠同時代表建制派和反對勢力實在是緣木求魚。

在沒有執政黨的情況下，在中央的統籌和協調下，香港只能出現一個鬆散的、由建制派人士組成的管治"網絡"，為特區的管治提供一定的政治支撐，但卻難以成為強勢管治的基石。

行政長官的政治威望和管治能力

在執政黨和管治聯盟缺位的情況下，要提高管治效能，行政長官的政治威望和能力便顯得特別重要。不過，無論行政長官的個人條件如何，在香港的政治環境和氛圍下，他都要面對個人政治認受性不足、建制派社會支持基礎欠廣闊和公信力有限、香港政治人才短缺和不能隨意動用公共資源作政治用途等限制。在沒有獨立權力基礎、沒有軍隊支撐、固定任期、政治酬庸能力有限、不能訴諸反共或民粹主義、沒有自己的政黨、容易受到群眾猜疑、"小"政府、權力受制於法律和制度、難以同時得到中央和港人的信任的重重限制下，行政長官難以成為政治強人。再者，行政長官的行為往往有自相矛盾的成分，因為他既要效忠中央，又要獲得群眾認同，而中央和群眾對他都有難以協調的要求，例如他既要為中央負起維護國家利益和安全，以及全面落實"一國兩制"的責任，又要讓港人相信他是香港利益的維護者，所以他難以同時取得中央和港人的高度信任，容易墮入"兩邊不是人"的陷阱。

誠然，如果行政長官政治智慧高、管治能力強、個人聲譽好、親和力充裕、用人唯才、處事公正，則他可以以個人的能力和品賦對不利因素作部分的彌補。事實上，行政長官的威望和能力不斷要受到中央的考核、議會選舉結果和民意調查的鑑定。中央希望行政長官享有良好的公眾支持和信任，而議會選舉結果和民意調查則可以理解為港人對行政長官施政表現的成績表。來自中央、議會選舉和民意測試的壓力，加上行政長官本人也希望得到群眾的信任和喜愛，都實際上影響着行政長官的施政行為。其中一個結果是由行政長官帶動的"慢慢加劇的民粹主義和福利主義"(creeping populism and welfarism)。無論是董建華、曾蔭權和梁振英都有意和無意地不斷增加對貧窮人士、長者和其他"弱勢社群"的福利和服務，並藉此贏取群眾的好評。不過，長期而言，積累下來的財政負擔確實不輕。

中間路線難走

過去幾年，圍繞着行政長官普選辦法的激烈政治鬥爭在一些方面改變了香港的政治生態，其中之一是在建制派和主流反對勢力之外湧現了一批新的政治組織，當中較為觸目的是各式各樣的標榜"本土主義"、"自決"和"港獨"的激進組織。這些組織的冒起導致反對勢力進一步碎片化和內訌不已。反對勢力的鬥爭方式走向多元化和激烈化，並不斷開闢新的戰場，尤其矚目的是他們利用大學以至中學作為發動政治鬥爭的基地、堡壘和庇護所。個別極端分離組織甚至以暴力行動為政治鬥爭的手段。與此同時，特區政府在用人和處事方面所引發的政治爭議也不時貽反對派可乘之機。

儘管反對勢力竭盡全力，甚至策動違法的、回歸以來最極端的"佔領中環"行動來爭取他們要求的、按照西方模式設計的行政長官普選辦法，但最終仍然因無法迫使中央退讓，香港的民主化進程戛然終止，而下一輪的政改諮詢則遙遙無期。反對勢力在政改事件上的失敗，加上其對香港造成各種嚴重損害的激烈行動又引起不少港人對反對勢力的強烈不滿和怨懟，無可避免促使部分反對派人士就政治目標的鬥爭策略進行反思，反思的主要內容包括香港在"一國兩制"下反對派的定位、香港民主發展的方式、步伐和形態、反對勢力與中央的關係、反對勢力與建制派與港人的關係、爭取民主改革的適當手段、以及不同反對勢力之間的離合等問題。

這個因政改失敗而觸發的反思過程，很自然的導致反對勢力內部的分化和衝突。在政改鬥爭過程中，湧現的一批以年輕激進人士為骨幹的政治群體和網絡，使得反對派的分化和內耗更為嚴重，尤其是因為那些新興的、鼓吹本土分離主義的政治力量，對原來的反對派主流勢力採取不信任、不合作、甚至鄙夷的態度。在這個"大變局"下，部分屬於反對派陣營的人士退出其所屬的黨派，並表示要走"中間路線"、"溫和路線"或"第三條道路"。例如，資深大律師湯家驊在退出公民黨和辭去立法會議席後牽頭組織了名為"民主思路"的智庫，並率先提出"第三條道路"的構思。前民主黨的創黨黨員黃成智和狄志遠則成立了名為"新思維"的政治組織，明確表明要走"中間"和"溫和"路線。這些政治人物一方面不滿反對派愈趨激進，而且立場不清晰、不穩定和不切實際，另方面則認為建制派過分保守、僵化和對中央唯命是從。他們相信在反對勢力和建制派兩極分化越來越嚴重的情況下，政治"中間"地帶會越來越廣闊，因此有利於"溫和"政治勢力的冒起和壯大，並成為與反對派和建制派鼎足而立的"第三勢力"。然而，到目前為止，他們努力的成效仍然不彰，在社會和媒體上沒有引起深切的關注，在2016年的立法會選舉和選舉委員會選舉中也沒有取得顯著的成績。

近年來湧現的一大批主要以年輕人或所謂"政治素人"為骨幹的政治組合也不認同主流的反對黨派。民主黨和公民黨固然難以掙得年輕參政者的擁護，即使是那些在社會上一般被視為激進的黨派，比如社會民主連線和人民力量也得不到他們的認同。新一代的年輕參政者特別強調本土意識、"去中國化"、"去組織化"、"去領袖化"、個人自主性、鬥爭手段的多樣化、鬥爭場所的多元化、鬥爭形式的激烈化、政治參與的自發性和"純潔性"。他們對反對派人物的"家國情懷"、對自身政治和物質利益的維護、對與中央溝通和合作的憧憬、"大佬文化"、鬥爭激情減退、鬥爭手段過分溫和與僵化等不但不以為然，甚至厭倦和反感。年輕的參政者既然對現有的反對勢力不寄厚望，自然不會想到要憑一己之力改變或改造它，反而立意要與他們劃清界限和爭鋒相對。此外，作為"長期"甚至很可能是"永久"的反對勢力在回歸後其實在香港的民望、威信和實力不斷走低，與回歸前的情況不可同日而語。因此，新興的反對勢力和原有的反對勢力，便難以建立起基於充分互信的合作關係，而反對勢力便難免陷入組織渙散、群龍無首、各自為戰的局面。更麻煩的是其中的激進勢力不斷掀起波瀾和議題，迫使較溫和的勢力向激進方向靠攏，起碼不敢直斥其非。如此一來，反對派在香港人心目中的形象越來越差。假如行政長官的公信力不是那麼低，而又不時發生官民摩擦的事故，讓反對派有機可乘，則反對勢力走向衰落的速度會更快一些。

誠然，一些民意調查顯示，不少香港人既不信任和支持反對派，特別是那些言行激烈的反對力量，又不信任和支持建制勢力，理論上香港應該有適合的政治土壤，讓那些鼓吹"溫和路線"或"第三條道路"的組織有冒起和發展的機會，但實際上要出現一股足以與目前的反對派和建制派鼎足而立、分庭抗禮的所謂"中間勢力"甚為困難。美國的例子可堪借鏡。近三十多年來美國的共和黨和民主黨之間圍繞着價值觀、政治立場、社會政策和財政方針的黨爭愈趨激烈，已經到了水火不容的地步，導致美國的管治和施政陷入極為困難的境地。眾多的民意調查清晰表明，不少美國人對共和、民主兩黨厭惡，盼望有新的政治力量出現來匡正局面。可是，共和與民主兩大政黨仍然能夠主導總統、國會和地方議會的選舉，未有受到任何宣稱"獨立"的政治勢力的嚴峻挑戰。美國的"中間"勢力之所以難以成為氣候，與美國的政治體制、選舉制度、金錢政治和政治文化有莫大關係。不過，美國政局的閉塞與僵化無疑使得不少美國人對政治疏離、不滿、噁心和憤怒，更讓他們對美國的前景憂心忡忡。

其實，在所有西方國家，縱使不少人對當前的政局反感，而求變的心態確實存在，但新的政治力量的湧現卻又困難重重，遂令西方國家難以通過政治格局的改變來有效處理她們日益棘手的政治、經濟、財政、金融、民族、宗教等問題。

香港的"中間"力量是正在萌芽的力量。在政治對立日益尖銳的狀態下，部分對香港政治現狀憂慮和厭煩的人對它寄予希望和憧憬。可是，在當前的政治環境下，由於缺乏有利的主客觀條件，香港在可預見的將來出現一股強大的、能夠大幅改變香港的政治局面和緩和政治緊張氣氛的"中間"力量的可能性不是很高。

首先，長期以來，香港的最主要的政治鴻溝在於如何處理與中國共產黨領導的中國政府的關係，是接受它和與其合作，還是否定它和與它對抗。不少港人以此作為最重要的準則來判別不同黨派的可信性、可靠性和可接受性。在目前的情況下，具體而言，接受和合作體現在接受中國共產黨在中國執政的事實、承認國家的憲政體系、認同中央對"一國兩制"和基本法的理解與詮釋及尊重中央在"一國兩制"下的權力和職責，而否定與對抗則體現在對上述事務上持相反的立場。從政治邏輯說，在這兩個立場之間很難找到"中間"或"折衝"的位置。任何"中間"或"折衝"的立場都容易被各方面包括中央和香港人解讀為機會主義或立場不穩。在中央和反對派嚴重對立的局面下，"中間"或"折衝"立場更難立足。本土主義勢力的冒起，把部分主流反對勢力拉到更偏激的方向，使得中央、建制派和反對勢力之間的距離更大。在這種政治氛圍中，不少人會傾向視"中間"立場為"親北京"或"倒向反對派"而並非真正獨立或中立。更具體的說，在接受與不接受全國人大常委會有關行政長官普選的"8.31"決定、承認與不承認人大釋法的合法性、真誠落實基本法第 23 條的本地立法與堅拒立法之間，其實沒有太多"中間"插足的空間。而不同政治勢力對那些重大政治議題的態度，正是港人用以判別不同政治黨派的政治立場的"試金石"。

其次，即使不少人不接受反對勢力和建制派，認為反對勢力的主張和行動過於偏激，而建制派則過於保守和過分聽命於中央，但所謂"中間"民意究竟何所指，卻頗為空泛和模糊不清。部分反對派和建制派的政治主張和政策訴求其實也得到不少"中間"民意的支持。更為重要的，是所謂"中間"民眾並非是一群有共同立場和訴求的人，而是一大批在不同議題上有不同態度的人。他們之間的分歧並不一定比反對勢力與建制派之間的差異為少。任何"中間"力量其實只能爭取一部分"中間"群眾的支持而非"廣大"的"中間"群眾。因此，所謂"中間"勢力絕非是一股強大和單一的"中間"力量，而是很多股彼此之間存在激烈競爭的力量。因此，期望香港湧現一股強勢的、統一的"中間"力量來主導政治局面並不實際。

第三，就算不少人不認同建制派或反對派的政治立場、政治作風和政策取向，因此在這些方面香港確實有一批"溫和"或"中間"群眾，但在感情和信任上，在大部分香港人之間兩極化和對立化其實頗為嚴重，而在那些方面持溫和立場或沒有立場的人不多。即是說，大部分香港人對不同的政治勢力有着強烈和鮮明的愛與恨、信任和不信任及敬重與鄙視的情緒；即使不是對對立的雙方都是這樣，但起碼對其中一方有強烈負面情緒。相反，對任何一方很有好感的人委實不多。情緒方面的兩極化和對立化不但在政治領域存在，在社會各方面包括在家庭之內和朋友之間也時有所聞。在感情、信任和道德取向上支持某方政治勢力的人，容易敵視其他政治立場的人，不但不願意與他們妥協，不願意讓他們得逞，也會反對自己認同的政治勢力向“敵人”讓步。在感情、信任和道德兩極化和對立化下，情緒上屬於“溫和”或“中間”的香港人既然很少，有意走“中間”路線的人便難以找到立足之地。[27]

第四，經過多年來的發展和鬥爭的歷練，香港的反對勢力和建制力量都擁有相當程度的組織強度、社會支持、動員能力和領導水平。它們的群眾相對於“中間”群眾具有較高的政治熱情、較明確的政治信念、較強的行動積極性和較穩定和持久的政治參與熱誠。相反，儘管所謂“中間”群眾對政治狀況不滿，但他們卻因為種種原因不願意積極投身於政治工作，包括踴躍在選舉期間投票予那些與他們的政治立場較為相近的政治人物，或給予他們長期和實質性的支持。在香港的議會選舉，能夠達到百分之五十的投票率已經是很好的結果。有些人形容“中間”群眾為沉默的“多數”或“大多數”。這個提法雖嫌刻薄，但卻有一定的道理。其他國家的經驗顯示，要把那些“中間”群眾動員和組織起來，與既有的政治勢力爭一日長短實非易事。其實，一直以來香港的反對勢力和建制派都竭力拉攏一些與其政見相近的“中間”群眾加入其陣營，但最後都是無

27　這個現象在美國也非常明顯（Hetherington & Rudolph, 2015）。

功而退。在香港，除非"中間"群眾對當前情況和未來的發展覺得忍無可忍、義憤填膺，並將情緒化為行動，願意挺身而出"懲罰"和"打擊"反對勢力或建制派，不然的話，要動員和組織他們成為一股新的強大政治力量絕非易事。在可見的將來，這種情況在香港出現的機會不大。

第五，不同的所謂"中間"力量之間也缺乏共識。在香港，一般而言，所謂"中間"或"溫和"力量泛指那些既不認同反對派或泛民主派，又不支持建制派的人士。一直以來，眾多官方和民間的民意調查都一致發現，聲稱自己是"中間派"和"溫和派"的香港人介乎百分之四十至六十之間，視乎在調查之時香港人對不同黨派的觀感和態度，也視乎當時發生甚麼足以影響民意的重要事件。然而，經細心觀察，所謂"中間"人士絕非是一群有着相同的價值觀、政治立場或政策取向的人，更談不上是一群有密切組織或網路聯繫的人。相反，他們是一批人數不少，但政治積極性低、思想和立場龐雜、行動不一致和政治疏離感與無力感較重的人。他們基本上厭惡政治鬥爭、崇尚秩序與安定、對中央、建制派和反對勢力都缺乏信任、不輕信來自任何方面的政治人物和政治承諾，但對於如何改變當前的"亂局"和困局卻苦無良方妙策。他們雖然不信任中央、反對勢力和建制派，但卻並非完全不認同他們的一些觀點，因此與他們並不是處於水火不容的狀態。所以，相當比例的"中間"人士的立場，其實在一定程度上與反對勢力或建制派接近，最低限度與某部分反對勢力或建制派人士接近。因此，要提出何種政治綱領和訴求方能把眾多的"中間"人士動員和組織起來，並成為一股強大的、新興的政治勢力，殊為困難。最"理想"與可能出現的狀況，是部分"中間"人士主動或被動地動員起來，但不同的"中間"人士卻分別倒向建制派、反對勢力和一定數目的新湧現的"中間"黨派。在這種情況下，沒有任何一個"中間"黨派有足夠實力與反對勢力和建制派對壘，更遑論與中央較勁。

第六，香港人不願意押注在力量不強的"中間"力量上，以避免讓他們反對的力量得逞。由於我不預期香港會出現強大的"中間"黨派，而香港的政治生態依舊是反對勢力與建制派對抗的局面，"中間"黨派要取得香港人的鼎力支持便相當困難。比方說，在立法會選舉和在 2016 年的行政長官選舉委員會的選舉中，儘管一些"中間"選民不認同反對勢力或建制派的候選人，但他們也不一定願意把選票投給"中間派"的候選人，除非他們認為"中間派"候選人有相當的勝算。假如"中間派"候選人的勝算不高，部分"中間"選民會覺得投票給"中間派"候選人不單浪費自己手中一票，反而會讓他們不喜歡的建制派或反對派的候選人取得勝利。在這種情況下，一些"中間"選民會傾向把選票投給那位或那組他們相對沒那麼反感的建制派或反對派的候選人。"中間"勢力要突破這個困局極不容易。[28]

第七，當反對勢力與建制派激烈鬥爭的時候，雙方都會從

28　"一般而言，政黨之間在政策立場上的差異越大，選民會更不願意把自己的選票'浪費'在第三個政黨或獨立候選人身上，因為這會讓他們最不喜歡的人當選的機會增加。"（Abramowitz, 2010:32）

"不是朋友便是敵人"的角度看待其他人,並以殘酷和粗暴的言語和行動攻擊敵人。"中間"人士如果積極和公開維護或支持某個"中間派"黨派的話,他們便難免要面對來自反對勢力和建制派的無情的打壓,有些時候甚至禍延家人親友。鑑於大部分"中間"人士都懼怕政治攻擊和抱負,往往傾向"明哲保身",要在政治撕裂的環境下發動"中間"力量委實不易。我可以用個人的經驗說明一下。在香港的大學內,真正政治立場偏頗的教授和學生其實人數非常有限,而他們的激烈言行又其實得不到廣大教授和學生的認同,部分人甚至對此引以為憂,甚至痛心疾首,但為了害怕"槍打出頭鳥",寧願保持沉默,遂令大學裏面的激進勢力有恃無恐,越加囂張。

第八,"中間"力量缺乏有相當威望的政治領袖,尤其是當中央對他們缺乏足夠信任的情況下更是如此。長期以來,香港的政治人物因為回歸前的中英鬥爭和回歸後的反對勢力和建制派之間的爭鬥而高度分化,所謂"中間派"的政治領袖可謂絕無僅有。不是說沒有人願意充當"中間"人士,並意圖發揮"調和"分歧的作用,但往往無功而退,落得"豬八戒照鏡子、裏外不是人"的下場。因此,除非新興的"中間派"黨派的領導人本身已經擁有相當的政治威望、地位與權力,並且可以對反對勢力與建制派作出獎勵和懲罰,迫使雙方都要給他臉子,否則的話那些領導人也沒有辦法取得"中間"民眾的垂青。目前香港尚沒有這種"中間派"的政治人物和組織,要"從無到有"地讓那些人物和組織在短期內崛起並發揮政治作用難度甚大。更具地的說,要成就為有一定政治能量的"中間派"力量，他們起碼要在立法會裏面有一定數量的議席。單憑在社會上、媒體上和互聯網上"存在"和"發難"並不足夠，況且民眾和媒體對那些既非政府官員又非立法會議員的政治人物一向"白眼相加"，不會特別重視他們的言行。此外，現在有意走"第三條道路"或"溫和"路線的政治人物主要來自反對陣營，而且又不願意"斬釘截鐵"承認他們已經脫離了"泛民主派"。即使如此，反對勢力仍視他們為叛徒，認為他們向建制派和中央投誠，因此不時對其口誅筆伐，絕不會讓他們變身為反對勢力與建制派或中央的"中間人"或"聯繫人"。相反，建制派的人則會質疑他們的政治動機，覺得他們仍是反對勢力，或者是反對勢力意圖攻陷建制派的"第五縱隊"或"屠城木馬"，因而也難以對其高度信任。據我的觀察，部分建制派人士甚至擔心中央為了打擊反對派，積極拉攏那些"中間派"政治人物，而減少了中央對自己的倚重，因此對"中間派"頗有嫉妒和抗拒之情。

第九，由於香港不是獨立國家，而是中華人民共和國的一個特別行政區，"中間派"能否在香港有立足之地，與中央對他們的態度有非常密切的關係。如果中央相信他們的確是有別於反對勢力和建制派的力量，並且可以在目前混沌的政局中發揮正能量，則中央會樂意與他們建立合適的對話合作關係。然而，要中央願意讓他們成為管治香港的中堅力量，是合格的"愛國者"，卻是另一回事。當前中央要銳意確立"愛國者"治港的格局時，"中間派"要成為治港者，他們必須要大幅提升中央對他們的信任。在缺乏那種高度信任下，中央只會與"中間派"保持接觸與來往，但不會信任他們。要取得中央的信任，恐怕"中間派"要與中央在一些根本的政治原則立場上保持一致，包括接受中國共產黨的執政地位、接受全國人大常委會對行政長官普選辦法的"8.31"決定、尊重國家的憲政架構、認同中央對"一國兩制"和基本法的理解和承諾維護國家主權、安全和發展利益。然而，在當前香港仍有不少人對國家與中央存在牴觸情緒的氛圍下，香港的"中間派"政治人物對上述的事物傾向以曖昧和模糊的方式處理，生怕開罪他們致力爭取的"中間"群眾。如此一來，中央對"中間派"便難以衷心信任。很多香港人從功利主義或實用主義角度對待政治人物。如果他們認為"中間派"政治人物不被中央信任，"執政"機會渺茫，他們也不會大力支持"中間派"的黨派。但如果"中間派"認同了中央對那些基本政治原則的看法，則在香港人眼中他們便不再是"中間派"，而是蛻變為建制派的一部分，頂多是建制派中的"開明派"或"改革派"而已。果如是的話則"中間派"便名存實亡，這樣恐怕不是有意充當"中間派"人士的初衷了。

第十，反對勢力和建制派內部都有一些"溫和"力量，它們是"中間"力量的有力對手。反對勢力和建制派內部都有一些"開明"或"溫和"力量，與派內的激進或保守力量在政治與政策立場上有明顯分歧。就建制派而言，它本身就是一個鬆散和混雜的組合，內部矛盾不少，包括階級、利益、歷史背景、個人恩怨等，其實主要依靠他們共同擁戴的中央起到若干程度的整合作用。反對勢力在回歸前由所謂民主派主導，內部

分歧比較少。回歸以後，先是由於社會政策和抗爭手段的分歧
而引發部分人士脫離原屬黨派而另起爐灶。更為重要的是社會
上湧現一些鼓吹激烈甚至暴力手段鬥爭的組織，在議會、媒
體、街頭和網上肆意妄為。近年來更出現眾多以新生代為主體
的宣揚"香港優先"、"本土主義"、"香港主體意識"、"香港民
族"、"香港與內地分離"以至"香港建國"和"香港獨立"的
組織和虛擬"群體"。除了對鬥爭手段和政治目標有分歧外，
是否認同自己為"中國人"和承認香港是中國的一部分也引起
激烈爭議。在反對勢力和建制派內部都有部分人不滿香港的政
治和社會狀況，都盼望有溫和的政治、社會和經濟改革，無
疑溫和反對勢力期望的改革幅度比溫和建制派的為大。細心觀
察下，聲稱走"中間"路線的人的主張其實與溫和反對派和溫
和建制派分別不大。過去溫和反對派與溫和建制派都有意爭取
"中間"群眾支持自己，從而擴大反對派和建制派的規模和社
會基礎，不過成效有限。將來那些標榜走"中間"路線的政治
人物必然要與反對勢力和建制派中的溫和分子競爭"中間"群
眾，但卻沒有特別優勢和勝算。

　　第十一，到目前為止，"中間"立場究竟是甚麼東西還是
不清不楚。鼓吹走"中間"路線的人其實在內外形勢分析、指
導思想、理念、具體目標、政策取向、鬥爭方式、短期和長期
策略以至如何克服面對的困難和阻力等方面的闡釋都語焉不
詳。有關人士更刻意迴避一些敏感政治問題，尤其是如何處
理與中國共產黨的關係等。"中間"路線人士着重簡單講述和
誇大他們與較"極端"的反對勢力和建制派分子的差異，突出

彼此的不同，強調對話和妥協，但卻未能正面解釋自己的"獨有"和"獨到"的政治和政策主張。既然"中間"路線的內容迄今頗為模糊，則要吸引大量支持者便倍感困難。

　　第十二，中產階層兩極分化不利"中間"路線的確立。毋庸置疑，"中間"路線最"自然"和最積極的支持者應該是那群廣大的、重視理性、發展與穩定的中產階層分子。然而，上世紀八十年代以來，香港的中產階層的處境愈趨困難，導致中產階層內部分化不斷，不少中產人士的生活水準其實與勞動階層人士相差不遠，從而"中產人士"的身份和地位也岌岌可危。一個矚目的現象是中產階層走向激進化和民粹化，對政治、社會和經濟狀況極為不滿的人有增無已。大部分社會和抗爭行動都由中產人士組織和領導，而成員也主要來自中產階層，特別是年輕的中產人士。籠統來說，小部分發展機遇優越的中產人士成為建制派的中堅分子，但更多的中產人士則"下流"到勞動階層，其政治立場亦接近反對派，變得越來越偏激。處於中層階層中間位置的人，即所謂"中間中產階層"(middle middle-class) 的人數不斷減少。可以說，中產階層尤其是年輕中產人士的怨氣和憤懟是回歸以來一個顯著的社會現象，也是政治對立分化和政治言行激烈化的溫床。當政治個性比較溫和的"中間中產階層"人士在中產階層中的比例不斷下降，鼓吹"中間"路線的政治勢力要發展和壯大殊不容易。[29]

---

[29]　美國也有相類似的情況，但出現的時候比香港更早。一般分析認為美國政治的分化對抗情況與中產階層的困頓與衰落有莫大關係（Skopol, 2000; Abramowitz, 2010; Furchtgott-Roth & Meyer, 2015）。

第十三，"第三條道路"並非是一條穩定和清晰的道路，原因是它要隨着其他道路的改變而調整，要長期固定自己的路線和穩定支持者並不容易。有些時候它會倒向左右兩邊其中一邊的道路。有些時候它會自我分裂分化而產生其他的"第 N 條道路"。

誠然，主張走"中間"、"溫和"或"第三條道路"的人士和組織無疑懷抱良好的願望，也展示不錯的政治勇氣。他們不滿香港日趨對立和對抗的政治氛圍，擔心香港的政治和經濟前景。他們希望另闢蹊徑，為當前的鬱悶和惡劣的政治困局找尋出路。無疑，這方面的努力其志可嘉，但面對的艱難險阻卻又不少。要取得進展，鼓吹"中間"路線的有志之士必須清晰明確闡明自己的政治理念和主張，確立其立場的"原創"性和獨特性，而並非只是反對派和建制派立場的反面，努力說服港人對"中間"路線的理解和支持。同樣重要的，是他們要拿出更大的勇氣，有力地駁斥反對派和建制派的立場和看法，主動與他們交鋒對壘。"中間"路線者可以堅持他們的改革主張，特別是政治體制的改革，但在維護國家主權、安全和發展利益上卻必須表現為合格的"愛國者"，從而爭取中央的理解和接受。他們也要儘量與反對勢力和建制派中的"溫和"和"開明"分子合作，即使不能吸引他們來歸，至少也可以壯大香港的理性溫和力量，對改善香港的政治生態、促進香港與中央和內地的關係和實施"一國兩制"有利。尤其重要的，走"中間"路線的人不能只停留於月旦時事、坐而論政的狀態，而必須積極參與各類選舉和進入政府工作，同時通過不同管道聯繫民眾和社會團體。換句話說，要達到匡正時局的目的，"中間"路線必須體現為一股團結一致、領導有方和廣闊群眾基礎的強大政治力量。無論它能否成為執政力量，一股健康和有力的"中間"力量在當前的形勢下總應該是具有正面意義的。總而言之，"中間"力量不是自然存在於社會並自然湧現出來的力量，而是一股由英明睿智的政治領袖"從上而下"通過理論建構和政治動員"製造"出來的力量。

因此，寄望香港出現一股強大的"中間"力量來紓緩或結束當前的"動態政治僵局"看來不切實際。在可預見的將來，香港不可能出現一股能夠縮窄政治鴻溝和貫穿精英政治舞台和群眾政治舞台的"中間"力量。只有當那些影響香港的混合政體的構成和運作的因素出現重大變化後，"中間"力量和"中間"路線的茁壯成長才有可能。簡言之，不能期望"中間派"政黨或組織來改變香港的"自由威權政治體制"的政治格局。如果它們能夠在香港的政治生活中擔當重要甚至主導角色的話，則只能是香港的混合政體的構成，其處身的政治環境和其衍生的政治格局出現重大改變才有可能。

結語
一些可能改變政治格局的因素

　　香港的"自由威權政治體制"是一個獨特的混合政體。這個政體的獨特之處，在於來自建制派和來自建制派的管治精英沒有失去政權的擔憂，因此無需面對其他混合政體的管治精英時刻需要面對的"政治不確定性"。因此，對於反對勢力的攻擊和各種各樣的抗爭行動，他們雖然覺得不安、反感和厭煩，但卻沒有感到濃重的危機感。他們同時也相信，如果反對勢力真的達到一個足以嚴重危害香港的政治穩定的地步，或有很大機會奪取特區的政權時，中央必然會出手遏制。以此之故，他們對加強團結、管控內部分歧、加大資源投入和擴大建制派陣營的誘因實在不是太大。再者，中央對在香港特區組建執政黨和管治聯盟顧慮重重，對維持建制派內部的紀律和協作的力度長期不足，亦對提升建制派及管治精英的團結性和戰鬥力不利。

　　所以，縱使建制派能夠在政治制度的保障和中央的眷顧與支持下"壟斷"香港特區政權，但卻缺乏駕馭香港政局、建構廣闊社會基礎和實施強勢有效管治的能力。香港的反對勢力享有較佳的群眾支持，刻意利用和擴大香港的政治鴻溝進行群眾動員，竭盡所能擴大和強化群眾政治舞台，憑藉較強的組織優勢和充分運用香港混合政體的"自由"成分來發動連綿不絕的對中央、特區政府和建制派的進攻，並取得不錯的效果。

當一個組織鬆散和政治能量不足的"永久管治力量"與一個"永遠"無法取得執政權力、但卻擁有相當的政治戰鬥力的反對勢力處於長期對壘、互不相讓和愈趨對立的狀態下，香港回歸以來便出現了一個"動態政治僵局"的局面。這種局面又進而造成香港社會越來越嚴重的分化與對立，而那些分化與對立不單存在於不同政治陣營之間，也逐漸擴散到不同階層、機構甚至家庭和友儕之中，造成了社會的不和諧和人際關係的隔膜。在這個"動態政治僵局"下，香港特區的管治雖非"癱瘓"，但困難重重，對全面和準確落實"一國兩制"、香港的長期發展、社會與政治穩定、中央與特區關係、港人與內地同胞的感情、及香港的國際形象肯定不利。港人普遍不滿政治狀況、不信任香港的政治人物、對政治的疏離感和厭惡感愈趨明顯，以至激進勢力抬頭、民粹主義冒起和年輕人的政治躁動等等都與"動態政治僵局"不無關係。

儘管建制派和反對勢力之間的"綜合"力量對比不時出現變化，而那些變化又與行政長官的民望和能力、中央與特區關係、香港的經濟狀況、重大事件的發生等因素有關係，但總體而言，那些變化的幅度太小，不足以徹底改變"動態政治僵局"的基本格局。因此，要顯著甚至從根本上改變香港的政治格局，造成"動態政治僵局"的基本因素必須出現改變，當中尤其重要的是與中央對港政策、政治體制和政治環境的因素。

過去幾年，在政治鬥爭、風雨交加的局勢中，我們卻可以發現一些未來可以改變香港的政治格局的因素的"萌芽"。當然，那些因素會否繼續壯大今天來說還是未知之數。我個人的觀察則較為樂觀。畢竟，經過回歸前後幾十年的折騰，港人普遍對香港的政治困境心痛惡絕，香港社會內求變的心態日益凝聚，"亂極思治"成為普遍心態，而同時理性務實思維亦逐步呈現。港人這種上升中的對改變的渴求應該會讓那些能夠扭轉香港的"動態政治僵局"的因素有機會開花結果。下面我對一些可能出現的"改變遊戲格局的因素"(game changers) 作一些有一定客觀根據的"臆測"。

首先，中央的對港政策作出調整，在一定程度上會改變、制度化和"劃一"香港的政治遊戲規則。過去幾年，中央屢次強調中央要求"一國兩制"在香港全面和準確落實，並決意促使"一國兩制"按照原來的構思實施，"不變形"、"不走樣"。2016 年全國人大常委會對基本法第 104 條進行解釋，排除了"港獨"分子將香港立法會變成宣揚"港獨"主張的平台，是中央對港政策調整的一個很好的示例。

一直以來，反對派立法會議員其實是運用不符合基本法的手段，在立法會內策動抗爭和阻撓政府施政。其"拉布"策略是通過對政府提交的法案和財政預算案提出大量的修訂，從而大幅拖慢立法會的工作進度，以達到阻撓政府施政的目的。然而，"拉布"行為與基本法第 74 條的原意明顯相違背。基本法第 74 條這樣寫道："香港特別行政區立法會議員根據本法規定並依照法定程序提出法律草案，凡不涉及公共開支或政治體制或政府運作者，可由立法會議員個別或聯名提出。凡涉及政府運作者，在提出前必須得到行政長官的書面同意。"不少立法會議員，尤其是反對派議員，咸認為這項條款不涵蓋議員提出的對政府法案和財政預算案的修訂，但這肯定不是中央和內地法律專家的理解。[30]另外一個反對派議員慣用的鬥爭手法是不斷要求點算出席議員的人數。如果人數不符合法定人數的要求，則立法會的會議便要戛然終止。不過，對於何謂"法定人數"，基本法其實並不清晰。基本法第 75 條規定"香港特別行政區立法會舉行會議的法定人數為不少於全體議員的二分之一"。但這個對法定人數的要求究竟是應用在會議的全程還是只應用在會議開始之時和表決的時刻，這項條款語焉不詳。反對派立法會議員認定是前者，而立法會的議事規則也是如此看；但我認識的一些中央官員卻相信是後者，尤其是後者比較合乎其他地方的立法機關的規例。中央既然已經表明要"不折不扣"貫徹基本法，則如果中央認為反對派議員的"拉布"和"點算人數"的鬥爭策略已經嚴重危害立法會的正常運作和特區政府的管治，我傾向相信中央會毫不猶豫對基本法第 74 條和第 75 條進行解釋，以達到撥亂反正的效果。畢竟，基本法第 75 條還有這樣一句："立法會議事規則由立法會自行制定，

30　早在 1996 年，內地基本法權威許崇德教授告知我臨時立法會的議事規則不符合基本法，因為它容許議員提出的對政府法案和財政預算案的修訂不受基本法第 74 條的限制。可以，直到今天，這個違反基本法的安排並沒有得到糾正。從邏輯推理的角度看，基本法第 74 條的立法原意其實在是要限制立法會的立法創制權力 (power of legislative initiative)，讓行政長官享有最大的立法權，從而貫徹"行政主導"的原則。既然如此，則基本法絕無理由在"關閉前門"之同時，卻"開放後門"讓立法會議員們可以通過修訂政府的法案和財政預算案來取得制定政策的權力。

但不得與本法相牴觸。"中央如果釋法,也只不過讓立法會的議事規則符合基本法的立法原意而已。不過,假如反對派失去了在立法會"拉布"和"點算人數"的鬥爭手段,他們的在立法會內的抗爭能量肯定會大為萎縮。

除此之外,中央已經開始把基本法內有關中央與特區關係的條款加以制度化、具體化、細緻化和"透明化"。行政長官向中央述職的日期、形式、程序、要求甚至座位安排都經已明確化。中央對特區主要官員的任免和監督程序正在走向制度化。全國人大常委會對香港立法會通過的法律進行審查,確保它們符合基本法,已成為人大常委會的恆常的工作。我相信,全國人大常委會與香港終審法院之間的關係,比如終審法院應該在哪些情況下必須提請人大釋法,和人大常委會應該在哪些情況下要求終審法院提請釋法或索性自行釋法,日後也會逐步釐清。

香港的公務員團隊是特區行政機關的中堅力量。回歸以來,在"政治中立"的"模糊"原則下,高層公務員對中央和行政長官的"忠誠"問題尚未獲得圓滿的解決。高層公務員應該以國家、中央和行政長官為"效忠對象",還是應該以香港和港人為"服務對象"和以自己的"良心"為依歸,在高層公務員中也有分歧。回歸後所有行政長官都抱怨有個別高級公務員的"服從性"出現問題。另外,少數公務員公然或私底下參與或聲援一些反對中央和特區政府的政治活動,例如"佔領中環"行動,明顯與"政治中立"原則相違背,但香港特區卻沒有相關的法律法規予以懲治。如何確保公務員隊伍對國家、中央和特區政府的"忠誠"，不以政治中立為幌子抗拒為特區政府幹"政治"工作和避免參與反對國家，中央和特區政府的政治活動無疑是確保行政主導和特區有效施政的要務。中央正確行使對特區政府的監督權，對保衛國家利益和強化特區的管治有積極意義。

中央作為香港的政治遊戲規則的制定者如果積極行使其職權的話，可以想像香港的反對勢力過去通過違反基本法來增殖其政治能量的機會必然大減。與此同時，中央也可以藉此強化其在香港特區的權威，確保特區政府對中央問責，提升特區政府的管治能力，並保證"一國兩制"在香港的實施不變形、不走樣，能夠同時照顧好國家、中央和香港的利益。

第二，中央會更積極運用中央享有的權力以確保"一國兩制"在香港的實踐不會偏離鄧小平和其他中央領導人的"一國兩制"方針，從而不讓香港成為國家利益和安全的隱患。換句話說，中央會放棄過去放任自流的政策，積極和有選擇性地參與香港事務。說實在話，回歸後中央對港政策有兩大不足之處。其一是主動放棄在政治和政制議題上的話語權。其二是在重大政治和政制問題上立場搖擺，而且在反對派和群眾壓力下退讓或妥協的例子不少，讓反對勢力覺得可以通過對中央施加政治壓力來改變中央的立場和決定。"佔領中環"的背後正是這種心理預期作祟。回歸二十年來，政制改革議題揮之不去，長期對"一國兩制"的落實和特區的管治造成困擾便是一個深刻的教訓。

針對反對勢力從不間斷地向港人特別是年輕人灌輸"香港

是獨立政治實體"和在"一國兩制"下中央權力有限的歪論，國家領導人、中央官員和內地的專家學者近年來頻密地向港人講解"一國兩制"的初心，尤其強調"一國兩制"乃重大國家方針，主要從國家的整體和長遠利益着眼，但同時兼顧香港的繁榮和穩定。為了維護港人的利益和緩解港人的憂慮，中央承諾保存香港原有的制度、價值觀和生活方式，但港人也必須負起照顧國家的利益、尊重中央的權力和內地的社會主義體制的責任，尤其重要的是避免讓香港特區成為顛覆和滲透基地。在表述中央對港方針時，中央越來越多突出維護國家主權、安全和發展利益的重大原則，並強調堅決反對外部勢力介入香港事務。2014 年國務院新聞辦發表《"一國兩制"在香港特別行政區的實踐》（《白皮書》）的目的，正是要讓港人正確認識中央的"一國兩制"方針，從而提升中央在"一國兩制"上的話語權，糾正部分港人在認知上的偏差。除了致力恢復中央的話語權外，中央又劍及履及，在國家利益受到威脅時，及時出手解除威脅。近年來，"港獨"勢力肆虐，香港在沒有完成基本法第 23 條立法的情況下，特區政府在遏制"港獨"上捉襟見肘。全國人大常委會通過及時解釋基本法第 104 條讓"港獨"分子在立法會不得其門而入。今後，可以想像，當國家面對來自香港的安全威脅，而特區政府又一籌莫展時，中央肯定會果斷出手，無論是依照基本法第 48 條第 8 款向行政長官發出中央指令、[31] 依照基本法第 18 條將全國性法律納入香港的法律

---

31 基本法第 48 條第 8 款規定行政長官依法需要"執行中央人民政府就本法規定的事務發出的指令。"事實上，所謂"本法規定的事務"涵蓋面甚廣，除了國防和外交事務外，肯定也涉及中央的權責和中央與特區關係。

或宣告香港進入緊急狀態，中央手上的利器都不可小覷。[32] 部分港人對基本法第 23 條本地立法始終疑慮重重，而反對勢力更害怕香港一旦有了維護國家安全的法律，勢必大幅壓縮他們的政治活動空間。他們清楚明白基本法第 23 條本地立法如果成功，他們便難以像過往一樣爭取外部勢力的援助。所以，基本法第 23 條的本地立法工作在反對派的全力阻撓下便不斷延宕。2016 年，人大常委會對基本法第 104 條的釋法，實在具有巨大戰略含義。這次釋法表明，即使香港特區尚未或無法完成維護國家安全的立法工作，中央也有能力和決心在有迫切需要時出手解除來自香港的國家安全威脅。因此，香港能否完成基本法第 23 條的立法工作的實質意義已經開始減退；假以時日，即使立法不成也“無關宏旨”。不過，即使如此，中央還是會敦促特區政府盡快完成基本法第 23 條的本地立法工作，畢竟那是基本法規定的香港特區必須履行的憲制責任。如果基本法第 23 條本地立法失敗，則“一國兩制”在香港的實踐便難言“全面”成功。

再有，如果有“港獨”分子“排除萬難”後成功闖進立法會，並試圖借助基本法第 77 條為保護傘在立法會內宣揚分裂國家的主張，我估計中央會毅然通過人大釋法來宣告該條款不

32　基本法第 18 條內有以下規定：“全國性法律除列於本法附件三者外，不在香港特別行政區實施。凡列於本法附件三之法律，由香港特別行政區在當地公佈或立法實施。全國人民代表大會常務委員會在徵詢其所屬的香港特別行政區基本法委員會和香港特別行政區政府的意見後，可對列於本法附件三的法律作出增減，任何列入附件三的法律，限於有關國防、外交和其他按本法規定不屬於香港特別行政區自治範圍的法律。全國人民代表大會常務委員會決定宣布戰爭狀態或因為香港特別行政區發生香港特別行政區政府不能控制的危及國家統一或安全的動亂而決定香港特別行政區進入緊急狀態，中央人民政府可發布命令將有關法律在香港特別行政區實施。”

能成為分裂國家者的護身符，因為他們明顯違反基本法第 1 條
的規定。[33]

　　第三，儘管香港的混合政體仍會繼續維持下去，但一些
"內容"卻有可能作出調整。政治體制的改革仍然會進行，但
在當前政治鬥爭環境下要在可預見的將來達致普選行政長官和
立法會卻是緣木求魚。即使將來香港實施行政長官和立法會普
選，我相信香港的混合政體仍會繼續下去，頂多是其"威權"
成分有所減少，而其"自由"成分有所增加而已。為何如此？
主要原因是香港的混合政體對保存香港特色的資本主義體系非
常關鍵，而這個香港特色資本主義體系仍然得到港人的認可，
符合香港的客觀需要，而且也能夠為國家的長遠發展策略服
務。另一主要原因是它排除了與中央對抗的政治勢力在香港特
區執政的可能性，對維護國家安全和領土完整有利。因此，在
基本法的框架內，不排除日後香港立法會的選舉辦法會作出一
定的改變，但那些改變不會從根本上改變香港的混合政體的本
質。例如，一個可能性是改革立法會地區直選的比例代表制的
內容，增加選區的數目，減少每個選舉的議席數目，從而減少
激進勢力進入立法會的機會，並讓中間溫和力量有生存和壯大
的空間。又例如，在功能團體選舉中注入普選的元素，讓精英
利益得到照顧的同時，讓精英們也受到一定的群眾的監察。再
有，在行政長官普選辦法內，擴大提名委員會的代表性，讓更

33　基本法第 77 條規定："香港特別行政區立法會議員在立法會的會議上發言，不受法
　　律追究。"基本法第 1 條則開宗明義指出"香港特別行政區是中華人民共和國不可
　　分離的部分。"

多的"次精英"（sub-elites）和廣大群眾有機會參與行政長官的選舉過程，從而提升行政長官的政治認受性和公信力。

第四，法院對人大常委會的權威越來越尊重，也越來越願意依照人大常委會對基本法條款的解釋，作為審判案件時的權威解釋。過去部分香港法律界和司法界人士總是認為基本法既然是香港的法律，因此只需要沿襲普通法的傳統和做法來解釋基本法，讓香港法院"壟斷"對基本法的解釋。依照這種法律觀，人大常委會是一個政治機構，其職能應該只限於立法工作，不適宜解釋法律。所以，他們對人大釋法有"本能性"的抗拒，批評人大釋法破壞香港法治和削弱香港的司法獨立。當然，在這種態度的背後是部分香港法律界人士瞧不起內地的法律制度和內地法律界的水平和操守。然而，當香港的法官和法律界知道中央會認真通過釋法來確保"一國兩制"在香港全面和準確落實時，他們便會逐漸調整對人大釋法的態度，並會密切配合人大釋法和對人大釋法提出有建設性的意見。畢竟，他們也知道人大常委會在"一國兩制"下是高於香港法院的權威機構，人大釋法對香港法院有約束力，而人大常委會也會更毫不猶豫地解釋基本法來維護國家利益和"一國兩制"的全面和準確落實。既然如此，與其對人大常委會採取對抗姿態和甘冒由此而帶來的風險，不如採取合作態度來協助人大釋法，因為這樣的話對維持香港的司法權威、更好的落實基本法和維護香港的利益更有裨益。

近年來，香港的法院對司法覆核採取更審慎態度。一方面香港的法院越來越感到被捲入政治漩渦對維護司法機關的威望和公信力不利。在"政治案件"中，無論法院如何裁決，敗訴一方肯定認為法院的審判不公，甚至發動群眾挑戰法院的決定。最近在法院內和在社會上對法官出言不遜，甚至做出威嚇性行為的事例屢有發生，對司法機關其實是是一種警號。另方面，過多和過濫的司法覆核案件遲早會引起行政機關和立法會的不滿和反制，認為法院是在侵蝕它們的權責，出現"司法擴權"的情況。法院的裁決其實要依賴立法機關和行政長官尤其是後者的切實執行，法院需要取得行政和立法機關的尊重和支持。美國歷史上的確出現過一些行政機關對法院的裁決採取陽奉陰違、或索性不予執行的事例。香港的法院肯定不願意看到這種事例在香港出現。再者，法院亦不願意看到因為港人"過度"申請司法覆核而導致法院工作過重、案件積壓、法律公義難以迅速彰顯的情勢。

法院對司法覆核採取審慎態度，不輕易接受司法覆核的呈請，無疑對香港的反對勢力影響較大，因為他們比建制派更依賴法院來達到他們的政治和政策目標。

第五，全國人民代表大會的港區代表和各級的政協委員加起來數量龐大，應該可以在香港的政治生活中發揮重要作用。回歸以後一段頗長時間，中央不希望人大代表和政協委員參與甚至談論香港事務，以避免招來中央插手香港內政，違背"港人治港"和高度自治的承諾的批評。中央又不想人大代表和政協委員在香港成為在特區政府之外的"權力中心"，以避免侵蝕特區政府的管治威信。人大代表和政協委員因此不能以集體身份運作，只能以個人名義活動。理論上，人大代表和政協委員是港人參與國家事務的渠道，但實際上港人對誰當上人大代表和政協委員沒有影響力，也不太關注，更沒有想到向他們"問責"，再加上絕大部分人大代表和政協委員在港人眼中有濃厚的親北京背景，而且知名度甚低，所以對他們難言認識和信任。事實上，絕大多數港人關心的是香港的問題，對國家大事既不瞭解，也關心不多。個別港人有些時後因為捲進了與內地有關的事務或糾紛，而覺得需要找人大代表和政協委員幫忙，但例子也不多。反對派人士在內地出現人權事故時也會對人大代表和政協委員施加壓力，要求他們出面瞭解、斡旋或處理、甚至向中央提出抗議，但實際用意是要為難他們，好讓港人相信那些人只能扮演"政治花瓶"角色。不過，過去十多年來，情況出現重大變化。中央抗擊香港反對勢力的力度升溫、中央更積極去壯大"愛國力量"、更多的屬於香港"主流精英"的人士參與人大代表的選舉或被委任為各級政協委員、而人大代表和政協委員在港人眼中的地位和份量也有一定的增長。中央因此大力鼓勵和動員人大代表和政協委員參與香港的事務，支持特區政府"依法施政"，在重大爭議發生時站穩中央的立場，發揮意見領袖的作用和與反對勢力進行針鋒相對的鬥爭。實質上，中央已經把人大代表和政協委員視為香港特區的管治精英的一部分，在維護"一國兩制"上與中央和特區政府"並肩作戰"。在有需要的時候，人大代表和政協委員更可以用港人聽得懂的語言向港人講解中央的政策和立場，從而爭取港人的支持並拉近港人與中央的距離。我猜想，人大代表和政協委員在香港事務上將會發揮更大的作用，成為建制派中的一股重要力量及中央與港人的政治橋樑。以此之故,我預測日後中央在選拔人大代表和政協委員時,會改變一直以來過度重視傳統愛國人士和那些與內地有密切生意來往的商人的做法,招攬更多的中產和有參政議政能力的精英分子,讓人大代表和政協委員在香港的政治舞台上能發揮更大的影響力和正能量。

第六,中央銳意參與香港事務並不失時機地宣示中央對重大問題和議題上的嚴正立場,對調動建制派的政治積極性和強化他們的凝聚力有莫大幫助。建制派人士一般願意緊跟中央的部署和主張,但如果中央的立場缺位、模糊或搖擺不定,建制派不會勇於出來公開表達意見,一方面害怕錯誤理解和"傳達"中央立場而開罪中央,另方面則擔心會因招致反對派的口誅筆伐而聲譽受損。此外,他們又擔心如果他們"傳達"的所謂中央的立場最後因為中央突然改變立場而失信於民。中央既然越來越願意"起帶頭作用",則建制派必然會踴躍跟隨,有些時候為了"邀功"甚至會過度"出頭"而為中央帶來尷尬。過去兩年,建制派在響應中央對行政長官普選方法的立場、反對"佔領中環"行動、抗擊"港獨"和支持全國人大常委會對基本法第 104 條釋法等事件上"空前團結",便是很好的、對中央有重大參考意義的實例。可以預期,在中央的領導、協調和維持紀律下,建制派的凝聚力和戰鬥力會有所上升。

第七,中央既然已經決心在維護國家主權、安全和發展利益,確保"一國兩制"全面和準確落實,以及在保證基本法不折不扣在香港執行等牽涉到國家重大利益的事務上擔當積極和主導角色,並準備在必要時行使中央的權力來達到目的,則無論香港發生甚麼事，國家和中央的利益都會得到妥善的保障。香港的行政長官和特區政府當然在維護國家和中央利益上雖然責無旁貸，但他們便無需好像過去那樣在那些事務上承擔首要角色。當然，他們卻必須要密切配合和支持中央的工作。如此一來，行政長官和特區政府肩上的政治壓力便得以減少，而且不會因為要"獨力"處理國家和中央層面的事情而與港人處於對立的位置。行政長官和特區政府便可以有更廣闊的空間去處理香港內部的矛盾和問題，特別是爭取港人對政府和建制派的支持，及改善政府和建制派與反對力量的關係。這種中央與特區政府的在國家層面和香港特區層面事務上的"分工合作"將會對香港的政治穩定有利，也會深刻地影響香港的政治格局和生態。

第八，在國家主權、安全和發展利益得到充分的照顧下，中央也可以用更寬鬆的態度和手法改善與香港的反對勢力的關係。對"非忠誠的反對派"，中央仍然會以更強硬、更"不手軟"的手段予以打擊，但對其他的反對派人士中央會以更靈活、友善和積極的態度向他們釋出善意，希望他們放棄與中央對抗的策略，在求同存異的基礎上與中央和特區政府衷誠合作，為香港謀發展和為港人謀福祉。中央願意向部分反對派人士發出回鄉證便是善意的表達。儘管我們不知道梁振英特首不尋求連任的決定背後原因為何，但肯定不少反對派人士相信此乃中央向反對派發出善意的信號，所以對此他們表示欣賞。當然，大部分反對派人士也明白，中央是在處於強勢下爭取與反對派修好，因此並不表示中央打算改變它在涉及到重大國家和中央利益的問題上的嚴正立場。即使部分反對派人士仍然會拒絕中央拋出的"橄欖枝"，但我相信他們部分人仍會借助中央的善意作為"下台階"來調校本身的立場，目的在於緩和與中央的緊張關係，並試圖推動新的良性互動。

第九，無論反對勢力和部分教育界人士如何阻撓，不同形式和內容的國民教育必然會實力推行，以確保香港的年輕人有正面和正確的國家、民族和歷史觀念。"港獨"勢力的抬頭和它在學校和青少年之中的肆虐，已經引起越來越多港人的關注、憂慮和憤怒。不少家長擔心自己的子女因為被"港獨"、"自決"和反共分子"洗腦"而"誤入歧途"，從此"前途盡毀"，對國民教育的抗拒心態應該會有所減少。如果國民教育能夠迴避那些各方面爭議性大的內容，集中讓青少年樹立國家和民族觀念，增加對內地的瞭解，而不是他們最擔憂的"愛[中國共產]黨"或"服從當權者"的思想灌輸，則老師和家長的戒心會少一些。無論如何，當國家安全和領土完整受到威脅時，國民教育的推進遇到的障礙肯定會有所減少。即使國民教育只取得少量成效，如果青少年對國家、民族、中國共產黨、國情、內地同胞和"一國兩制"減少誤解、增加認識和增進感情，則香港的政治局面必將煥然一新，最低限度會消除一些不必要的衝突和矛盾。

第十，反對勢力和各種"本土分離主義"之所以有滋生和成長的土壤，其實與香港諸般嚴峻的社會矛盾有關。對此中央和香港的建制派早已知悉，並不斷想方設法來解決香港的社會問題，惟迄今成效不彰。我預期中央和特區政府會加大力度，除了更積極推動香港的經濟增長和產業朝知識型經濟和高增值方向進軍外，也會更加注重經濟分配和再分配的事宜，務求縮窄貧富差距，緩解貧窮問題，也為年輕人創造更多的有意義和前途的工作。不少香港建制派人士亦明白社會矛盾和衝突升級對社會穩定、經濟發展和個人的聲譽不利，對社會改革的抗拒已經有所軟化。我預期中央也會為那些有利於舒緩社會矛盾的改革出力，包括協助特區政府掃除來自既得利益者對社會政策改革的阻撓。中央對港的"優惠"經濟政策也會更着重為過去被忽視的社群帶來發展機遇。如果社會與民生事務的改革奏效，而社會矛盾減少，則精英政治舞台與群眾政治舞台的隔膜會收窄，民粹主義會得到約束，各種反對勢力的政治能量會因此而萎縮，困擾香港多年的"動態政治僵局"會出現顯著的轉變，而香港的政治格局也會令人改觀。

第十一，經過幾十年的折騰，港人對政治鬥爭其實已經相當厭惡和厭倦。誠然，他們對政治現狀、中央的對港政策、行政長官和特區的管治有諸多不滿，致使他們對反對勢力的激烈鬥爭言行採取較"包容"的態度。不過，縱然如此，港人對穩定和秩序的渴求仍然強烈，而且日益明顯。理性和務實心態的強化會形成一種有利於各方勢力尋求妥協的政治氛圍，起碼對激進力量形成約束。港人對"港獨"和"自決"分子的反感、擔憂和反制正好說明港人對極端主義其實有明確的"紅線"，不容許任何政治勢力踰越。再有，經過中央和內地專家學者的多番解說，港人對"一國兩制"的初心、內容和目的應該有更真確的理解，而反對勢力對"一國兩制"的另類詮釋對港人的影響及由此而在社會上造成的分化對立應會減少。

第十二，過去幾年香港面對的嚴重對立鬥爭狀況肯定對日後特區政府的施政帶來重大啟示。無論誰當行政長官，他／她都會吸取教訓，以更包容的管治策略來理順建制派內部的分歧、搭建更有效的官民溝通橋樑和儘量爭取所有能夠爭取的反對派人士參與管治工作，從而營造較"和諧"的政治環境，緩減香港政治的緊張情況。一個較平和的政治環境不但有利施政，實際上也產生"壓縮"反對勢力的活動和發展空間的作用。

最後，經過長達四十年的無休止的政治鬥爭，不少反對派人士除了感到厭倦外，其實早已開始質疑堅持與中央鬥爭的成效。毋庸諱言，在推進香港的民主化進程上，反對派其實已經積累了不少成果，當然他們對此仍然不滿意，認為離開全面民主化仍遠。不過，他們也知道，繼續以反共和"拒共"為出發點，提倡利用香港混合政體的"自由"部分促使中國走"和平演變"道路，企圖通過動員群眾對中央施加政治壓力的策略來迫使中央就範已經"此路不通"。事實上，這條"依然故我"，"以不變應萬變"的路線已經奉行良久，但卻越來越失去港人的支持和年輕人的認可。主張這條路線的老一輩民主派領袖的政治地位和能量不斷走低，在議會選舉中備受批評，甚至受到其黨派內部的挑戰。中央近年來在重大政治和政制議題上態度明確、立場堅定，對反對勢力不輕易"讓步"，更讓這條路線的成功機會十分渺茫。現在還贊成這條路線的反對派人士的士氣不振，對是否應該堅持這條路線正在苦苦思量。

反對派內的年輕人和激進分子主張另闢蹊徑，但具體路線卻仍然模糊。然而，他們的共同點是主張採取更激烈或暴力的鬥爭手段迫使中央讓步、認同以香港"本土"利益優先，抗拒香港與內地的經濟融合、不認同中華人民共和國、堅稱自己是"香港人"而非"中國人"、鼓吹香港與內地分隔、甚至提出"自決"和"港獨"的戰鬥口號。雖然那些偏激主張和激烈行為對"主流"的反對黨派有一些牽引作用，驅使他們採納更激進路線，但提倡"自決"和"港獨"的人卻反對"主流"反對黨派的立場，部分人以與他們為伍為恥。然而，極端主張和暴力行為廣泛受到香港主流社會的譴責，更完全沒有任何成功的機會。無休止的極端訴求的擾攘，徒令絕大部分以"中國人"為榮的港人越來越氣憤，也越來越擔憂。這些極端勢力也引起了中央的警惕和遏制，促使中央運用各種手段壓縮他們在政治體制內和在社會上的活動空間。在主觀和客觀有利條件都不具備的環境下，這些以入世未深和自以為是的青少年和學生為主體的激進行動，最終必然會走向邊緣化或滅亡。

剩下來的道路，對我來說也是唯一、最理性、合適和可能出現的道路是朝着向"忠誠的反對派"過渡的道路。如前所述，目前香港的反對勢力大部分是"半忠誠的反對派"，小部分是"非忠誠的反對派"，因此如果"半忠誠的反對派"願意調整立場，對反對勢力整體而言將會是重大的改變。時至今日，不少反對派人士對向"忠誠的反對派"過渡依然十分抗拒，原因不外乎包括擔心失去原來的支持者的信任、引起激進年輕人的詈罵、不相信中央會衷心接受他們、憂慮因為改變政治立場而失去"道德"號召力等。不過，既然他們認定沿着固有的路線前進不會帶來成果，而又明白到走他們的民族情懷和政治個性所不容許的激進路線只會是死路一條，因此我認為經過一段痛苦的掙扎後，並在中央的鼓勵和港人的催促下，不少反對派人士會嘗試踏足"忠誠的反對派"的路徑。從這個角度看，一些（前）反對派人士提出的"中間"路線其實可以視為向"忠誠的反對派"邁進的一個"中途站"，當然礙於種種政治考量他們不會承認這個看法和事實。

總體來說，中央採取的新的對港策略是最有力扭轉香港的"動態政治僵局"的因素。通過把那些重大政治議題"收歸中央"、清晰闡明和堅守中央在那些議題上的嚴正立場、縮減反對勢力在政治體制內和社會上的活動空間和政治能量、大力爭取港人對中央堅持"一國兩制"方針的決心、壯大和團結建制派、創造條件鼓勵反對派向"忠誠的反對派"轉型和在經濟和民生事務上扶持香港，終將促使建制派、反對勢力和廣大港人在政治上作出適應。

如果情況向良好方向發展，則香港有望出現一個能夠佔領政治光譜的中間地帶的、有廣闊社會支持基礎的管治聯盟。只有這種管治聯盟才可以把冥頑不靈的反對勢力推到邊緣地帶去(Gill, 2015:59)。果如是，則幾十年來困擾香港的政治鴻溝有望收窄，建制派和反對勢力壁壘分明的局面有望改善，"愛國者"有望成為香港的大多數，極端勢力和主張走向邊緣化或銷聲匿跡。究其實，回歸二十年以來，對"一國兩制"的成功落實、香港特區的有效管治和香港的長遠發展為禍最大的莫過於政治問題，主要是反對勢力對中國共產黨的逆反心態和對"一

國兩制"的另類詮釋。如果政治問題得到妥善處理，橫亙在港
人面前的諸般社會、經濟和民生問題也將得到一個有利於其較
好解決的良好環境。

參考書目

Abramowitz, Alan I. 2010. *The Disappearing Center: Engaged Citizens, Polarization, and American Democracy.* New Haven: Yale University Press.

Abramowitz, Alan I. 2013. *The Polarized Public? Why American Government Is So Dysfunctional.* Boston: Pearson.

Acemoglu, Daron & James A. Robinson. 2006. *Economic Origins of Dictatorship and Democracy.* Cambridge: Cambridge University Press.

Acemoglu, Daron & James A. Robinson. 2012. *Why Nations Fail: The Origins of Power, Prosperity, and Poverty.* New York: Crown Business.

Brownleé, Jason. 2007. *Authoritarianism in an Age of Democratization.* Cambridge: Cambridge University Press.

Bueno de Mesquita, Bruce, Alaster Smith, Randolph M. Siverson & James D. Morrow. 2003. *The Logic of Political Survival.* Cambridge, MA: MIT Press.

Bueno de Mesquita, Bruce & Alastair Smith. 2011. *The Dictator's Handbook: Why Bad Behavior Is Almost Always Good Politics.* New York: PublicAffairs.

Bunce, Valerie J. & Sharon L. Wolchik. 2011. *Defeating Authoritarian Leaders in Postcommunist Countries.* Cambridge: Cambridge University Press.

Burns, John P. & Li Wei. 2015. "The Impact of External Change on Civil Service Values in Post-Colonial Hong Kong," *The China Quarterly*, 222, pp. 522-546.

Bush, Richard C. 2016. *Hong Kong in the Shadow of China: Living with the Leviathan*. Washington, DC: Brookings Institution Press.

Calder, Kent E. 1988. *Crisis and Compensation: Public Policy and Political Stability in Japan, 1949-1986*. Princeton: Princeton University Press.

Calder, Kent E. 2016. *Singapore: Smart City, Smart State*. Washington, DC: Brookings Institution Press.

Cheng, Edmund W. 2016. "Street Politics in a Hybrid Regime: The Diffusion of Political Activism in Post-colonial Hong Kong," *The China Quarterly*, 226, June 2016, pp. 383-406.

Chu, Yun-han, Larry Diamond, Andrew J. Nathan, and Doh Chull Shin eds. 2008. *How East Asians View Democracy*. New York: Columbia University Press.

Collier, David & Steven Levitsky. 1997. "Democracy with Adjectives: Conceptual Innovation in Comparative Research", *World Politics*, Vol. 49, No. 3 (April), pp. 430-451.

Dalton, Russell J. & Doh Chull Shin eds. 2006. *Citizens, Democracy, and Markets Around the Pacific Rim: Congruence Theory and Political Culture*. Oxford: Oxford University Press.

Danahar, Paul. 2013. *The New Middle East: The World After the Arab Spring*. New York: Bloomsbury Press.

Diamond, Larry. 2008. *The Spirit of Democracy: The Struggle to Build Free Societies Throughout the World*. New York: Times Books.

Diamond, Larry & Marc F. Plattner eds. 2015. *Democracy in Decline?* Baltimore: Johns Hopkins University Press.

Diamond, Larry, Marc F. Plattner & Christopher Walker. 2016. *Authoritarianism Goes Global: The Challenge to Democracy*. Baltimore: Johns Hopkins University Press.

Dickson, Bruce J. 2016. *The Dictator's Dilemma: The Chinese Communist Party's Strategy for Survival*. New York: Oxford University Press.

Dimitrov, Martin K. ed. 2013. *Why Communism Did Not Collapse: Understanding Authoritarian Regime Resilience in Asia and Europe.* New York: Cambridge University Press.

Doh Chull Shin, 2012. *Confucianism and Democratization in East Asia.* New York: Cambridge University Press.

Dobson, William J. 2012. *The Dictator's Learning Curve: Inside the Global Battle for Democracy.* New York: Doubleday.

Epp, Charles R. 1998. *The Rights Revolution: Lawyers, Activists, and Supreme Courts in Comparative Perspective.* Chicago: The University of Chicago Press.

Fiorina, Morris P. with Samuel J. Abrams & Jeremy C. Pope. 2011. *Culture War? The Myth of a Polarized America.* New York: Longman.

Fong, Brian C.H. 2013. "State-Society Conflicts under Hong Kong's Hybrid Regime," *Asian Survey*, Vol. 53, No. 5, pp. 854-882.

Fong, Brian. 2016. "In-Between Liberal Authoritarianism and Electoral Authoritarianism: Hong Kong's Democratization under Chinese Sovereignty, 1997-2016," Democratization, http://www.tandfonline.com/doi/full/10.1080/13510347.2016.1232249.

Friedman, Barry. 2009. Friedman, Barry. 2009. *The Will of the People: How Public Opinion Has Influenced the Supreme Court and Shaped the Meaning of the Constitution.* New York: Farrar, Straus & Giroux.

Fukuyama, Francis. 1992. *The End of History and the Last Man.* New York: The Free Press.

Fukuyama, Francis. 2014. *Political Order and Political Decay: From the Industrial Revolution to the Globalization of Democracy.* New York: Farrar, Straus and Giroux.

Gandhi, Jennifer. 2008. *Political Institutions under Dictatorship.* Cambridge: Cambridge University Press.

Gill, Graeme. 2015. *Building an Authoritarian Polity: Russia in Post-Soviet Times.* Cambridge: Cambridge University Press.

Greene, Kenneth F. 2007. *Why Dominant Parties Lose: Mexico's Democratization in Comparative Perspective.* Cambridge: Cambridge University Press.

Grodsky, Brian K. 2012. *Social Movements and the New State: The Fate of Pro-Democracy Organizations When Democracy Is Won.* Stanford: Stanford University Press.

Gutmann, Amy & Dennis Thompson. 2012. *The Spirit of Compromise: Why Governing Demands It and Campaigning Undermines It.* Princeton: Princeton University Press.

Haggard, Stephan & Robert R. Kaufman. 2016. *Dictators and Democrats: Masses, Elites and Regime Change.* Princeton: Princeton University Press.

Hale, Henry E. 2007. *Why Not Parties in Russia? Democracy, Federalism, and the State.* Cambridge: Cambridge University Press.

Hale, Henry E.2011. "Hybrid Regimes: When Democracy and Autocracy Mix," in Nathan J. Brown ed., *The Dynamics of Democratization: Dictatorship, Development, and Diffusion.* Baltimore: The Johns Hopkins University Press, pp. 23-45.

Hanson, Stephen E. 2010. *Post-Imperial Democracies: Ideology and Party Formation in Third Republic France, Weimar Germany, and Post-Soviet Russia.* New York: Cambridge University Press.

Hetherington, Marc J. & Thomas J. Rudolph. 2015. *Why Washington Won't Work: Polarization, Political Trust, and the Governing Crisis.* Chicago: The University of Chicago Press.

Hopkins, Daniel J. & John Sides eds. 2015. *Political Polarization in American Politics.* New York: Bloomsbury.

Horvath, Robert. 2013. *Putin's 'Preventive Counter-Revolution': Post-Soviet Authoritarianism and the Spectre of Velvet Revolution*. London: Routledge.

Hui, Victoria Tin-bor. 2015. "The Protests and Beyond," *Journal of Democracy*, Vol. 26, No. 2.

Huntington, Samuel P. & Clement H. Moore eds. 1970. *Authoritarian Politics in Modern Society: The Dynamics of Established One-Party Systems*. New York: Basic Books.

Huntington, Samuel P. 1991. *The Third Wave: Democratization in the Later Twentieth Century*. Norman: University of Oklahoma Press.

Ignazi, Piero. 2003. *Extreme Right Parties in Western Europe*. New York: Oxford University Press.

Judis, John B. 2016. *The Populist Explosion: How the Great Recession Transformed American and European Politics*. New York: Columbia Global Reports.

Kazin, Michael. 2016. "Trump and American Populism: Old Wine, New Bottles," *Foreign Affairs*, Vol. 95, No. 6, pp. 17-24.

Krauss, Ellis S. & Robert J. Pekkanen. 2011. *The Rise and Fall of Japan's LDP: Political Party Organizations as Historical Institutions*. Ithaca: Cornell University Press.

Kruse, Keven M. 2015. *One Nation Under God: How Corporate America Invented Christian America*. New York: Basic Books.

Kurlantzick, Joshua. 2013. *Democracy in Retreat: The Revolt of the Middle Class and the Worldwide Decline of Representative Government*. New Haven: Yale University Press.

Kurlantzick, Joshua. 2016. *State Capitalism: How the Return of Statism is Transforming the World*. New York: Oxford University Press.

Lakoff, George. 2002. *Moral Politics: How Liberals and Conservatives Think*. Chicago: The University of Chicago Press.

Lam Wai-man & Kay Chi-yan Lam. 2015. "China's United Front Work in Civil Society: The Case of Hong Kong," *International Journal of China Studies*, Vol. 4, No. 3, pp. 301-325.

Lampton, David M. 2015. "Xi Jinping and the National Security Commision: Policy Coordination and Political Power," *Journal of Contemporary China*, Vol. 24, No. 95, pp. 759-777.

Langston, Joy. 2006. "Elite Ruptures: When Do Ruling Parties Split," in Andreas Schedler, *Electoral Authoritarianism: The Dynamics of Unfree Competition*. Boulder: Lynne Rienner, pp. 57-75.

Lasch, Christopher. 1991. *The Culture of Narcissism: American Life in an Age of Diminishing Expectations*. New York: W.W. Norton.

Lasch, Christopher. 1996. *The Revolt of the Elites and the Betrayal of Democracy*. New York: W.W. Norton.

Lau Siu-kai. 1982. *Society and Politics in Hong Kong*. Hong Kong: The Chinese University Press.

Lau Siu-kai. 1988. *The Ethos of the Hong Kong Chinese*. Hong Kong: The Chinese University Press.

Lau Siu-kai & Kuan Hsin-chi. 2002. "Between Liberal Autocracy and Democracy: Democratic Legitimacy in Hong Kong," *Democratization*, Vol. 9, No. 4, pp. 58-76.

Lau Siu-kai & Wan Po-san. 1997. *Social Conflicts in Hong Kong: 1987-1995*. Hong Kong: Hong Kong Institute of Asia-Pacific Studies, The Chinese University of Hong Kong.

Lee, Francis L.F. & Joseph Man Chan. 2013. "Generational Transmission of Collective Memory about Tiananmen in Hong Kong: How Young Rally Participants Learn about and Understand 4 June," *Journal of Contemporary China*, Vol. 22, No. 84, pp. 966-983.

Levendusky, Matthew. 2013. *How Partisan Media Polarize America*. Chicago: Chicago University Press.

Levitsky, Steven & Lucan A. Way. 2010. *Competitive Authoritarianism: Hybrid Regimes After the Cold War*. Cambridge: Cambridge University Press.

Lindberg, Staffan I. 2006. "Tragic Protest: Why Do Opposition Parties Boycott Elections?" in Andreas Schedler ed., *Electoral Authoritarianism: The Dynamics of Unfree Competition*. Boulder: Lynne Rienner, pp. 149-163)

Linz, Juan J. 2000. *Totalitarian and Authoritarian Regimes*. Boulder: Lynne Rienner.

Lipset, Seymour Martin & Philip G. Altbach eds. 1969. *Students in Revolt*. Boston: Beacon Press.

Lynch, Marc.2012. *The Arab Uprising: The Unfinished Revolutions of the New Middle East*. New York: PublicAffairs.

Lynch, Marc. 2016. *The New Arab Wars: Uprisings and Anarchy in the Middle East*. New York:PublicAffairs.

Ma Ngok. 2015. "The Rise of ʻAnti-China' Sentiments in Hong Kong and the 2012 Legislative Council Elections," *The China Review*, Vol. 15, No. 1, pp. 39-66.

Ma Ngok. 2016. "The Making of a Corporatist State in Hong Kong: The Road to Sectoral Intervention," *Journal of Contemporary Asia*, Vo. 46, No. 2, pp. 247-266.

Magaloni, Beatriz. 2006. *Voting for Autocracy: Hegemonic Party Survival and Its Demise in Mexico*. Cambridge: Cambridge University Press.

Mair, Peter. 2013. *Ruling the Void: The Hollowing of Western Democracy*. London: Verso.

McCarty, Nolan, Keith T. Poole & Howard Rosenthal. 2006. *Polarized America: The Dance of Ideology and Unequal Riches*. Cambridge, MA: The MIT Press.

Mizruchi, Mark S. 2013. *The Fracturing of the American Corporate Elite*.

Cambridge, MA: Harvard University Press.

Moody, Peter R. Jr. 1988. *Political Opposition in Post-Confucian Society*. New York: Praeger.

Meyer, David S., 2015. *The Politics of Protest: Social Movements in America*. New York: Oxford University Press.

Mudde, Cas. 2016. "Europe's Populist Surge: A Long Time in the Making," *Foreign Affairs*, Vol. 95, No. 6, pp. 25-30.

Mudde, Cas & Cristóbal Rovira Kaltwasser. 2017. *Populism: A Very Short Introduction*. New York: Oxford University Press.

Müller, Jan-Werner. 2016. *What Is Populism?* Philadelphia: University of Pennsylvania Press.

Naím, Moisés. 2013. *The End of Power*. New York: Basic Books.

Ng, Kai Hon. 2013. "Social Movements and Policy Capacity in Hong Kong: An Alternative Perspective," *Issues and Studies*, Vol. 49, No. 2, pp. 179-214.

Ostrovsky, Arkady. 2015. *The Invention of Russia: From Gorbachev's Freedom to Putin's War*. New York: Viking.

Ottaway, Marina. 2003. *Democracy Challenged: The Rise of Semi-Authoritarianism*. Washington, DC: Carnegie Endowment for International Peace.

Pempel, T.J. 1990. *Uncommon Democracies: The One-Party Dominant Regimes*. Ithaca: Cornell University Press.

Perry, Lewis. 2013. *Civil Disobedience: An American Tradition*. New Haven: Yale University Press.

Persily, Nathaniel ed. 2015. *Solutions to Political Polarization in America*. New York: Cambridge University Press.

Radnitz, Scott. 2010. *Weapons of the Wealthy: Predatory Regimes and Elite-Led Protests in Central Asia*. Ithaca: Cornell University Press.

Rajah, Jothie. 2012. *Authoritarian Rule of Law: Legislation, Discourse and Legitimacy in Singapore*. Cambridge: Cambridge University Press.

Ramseyer, J. Mark & Frances McCall Rosenbluth. 1993. *Japan's Political Marketplace*. Cambridge, MA: Harvard University Press.

Robertson, Graeme B. 2011. *The Politics of Protest in Hybrid Regimes: Managing Dissent in Post-Communist Russia*. New York: Cambridge University Press.

Rose, Richard, William Mishler & Christian Haerpfer. 1998. *Democracy and its Alternatives: Understanding Post-Communist Societies*. Baltimore: The Johns Hopkins University Press.

Rose, Richard & Neil Munro. 2002. *Elections without Order: Russia's Challenge to Vladimir Putin*. Cambridge: Cambridge University Press.

Rose, Richard et al. 2011. *Popular Support for an Undemocratic Regime: The Changing Views of Russians*. New York: Cambridge University Press.

Rosenbluth, Frances McCall & Michael F. Thies. 2010. *Japan Transformed: Political Change and Economic Restructuring*. Princeton: Princeton University Press.

Ross, Michael L. 2013. *The Oil Curse: How Petroleum Wealth Shapes the Development of Nations*. Princeton: Princeton University Press.

Sadiki, Larbi. 2009. *Rethinking Arab Democratization: Elections Without Democracy*. Oxford: Oxford University Press.

Schedler, Andreas. 2006. "The Logic of Electoral Authoritarianism," in Andreas Schedler, ed. 2006. *Electoral Authoritarianism: The Dynamics of Unfree Competition*. Boulder: Lynne Rienner, pp. 1-23.

Langston, Joy. 2006. "Elite Ruptures: When Do Ruling Parties Split," in Andreas Schedler, ed. *Electoral Authoritarianism: The Dynamics of Unfree Competition*. Boulder: Lynne Rienner, pp. 55-75.

van de Walle, Nicholas. 2006. "Tipping Games: When Do Opposition

Parties Coalesce?" (77-92) in Andreas Schedler,ed., *Electoral Authoritarianism: The Dynamics of Unfree Competition*. Boulder: Lynne Rienner, pp. 77-92.

Schedler, Andreas. 2013. *The Politics of Uncertainty: Sustaining and Subverting Electoral Authoritarianism*. New York: Oxford University Press.

Scheiner, Ethan. 2006. *Democracy Without Competition in Japan: Opposition Failure in a One-Party Dominant State*. Cambridge: Cambridge University Press.

Schlesinger, Jacob M. 1999. *Shadow Shoguns: The Rise and Fall of Japan's Postwar Political Machine*. Stanford: Stanford University Press.

Shinoda, Tomohito. 2013. *Contemporary Japanese Politics: Institutional Changes and Power Shifts*. New York: Columbia University Press.

Slater, Dan. 2010. *Ordering Power: Contentious Politics and Authoritarian Leviathans in Southeast Asia*. Cambridge: Cambridge University Press.

Svolik, Milan W. 2012. *The Politics of Authoritarian Rule*. Cambridge: Cambridge University Press. Tamir Moustafa & Tom Ginsburg, 2008. "Introduction: The Functions of Courts in Authoritarian Politics," in Tom Ginsburg and Tamir Moustafa eds., *Rule by Law: The Politics of Courts in Authoritarian Regimes*. Cambridge: Cambridge University Press, pp. 1-22.

Tate, C. Neal. 2011. "Why the Expansion of Judicial Power?", in C. Neal Tate & Tarbj rn Vallinder eds., *The Global Expansion of Judicial Power*. New York: New York University Press, pp. 27-37。

Tate, C. Neal & Torbj rn Vallinder. 1995. "The Global Expansion of Judicial Power: The Judicialization of Politics", in C. Neal Tate & Tarbj rn Vallinder eds., *The Global Expansion of Judicial Power*. New York: New York University Press, pp. 1-10。

Thurber, James A. & Antoine Yoshinaka eds. 2015. *American Gridlock: The Sources, Character, and Impact of Political Polarization*. New York:

Cambridge University Press.

Tormey, Simon. 2015. *The End of Representative Politics*. Cambridge: Polity.

Tsygankov, Andrei P. 2014. *The Strong State in Russia: Development and Crisis*. Oxford: Oxford University Press.

van de Walle, Nicholas. 2006. "Tipping Games: When Do Opposition Parties Coalesce?" (77-92) in Andreas Schedler, ed., *Electoral Authoritarianism: The Dynamics of Unfree Competition*. Boulder: Lynne Rienner, pp. 77-92.

van de Walle, Nicholas. 2006. "Tipping Games: When Do Opposition Parties Coalesce?", in Andreas Schedler ed., *Electoral Authoritarianism: The Dynamics of Unfree Competition*. Boulder: Lynne Rienner, pp. 77-92.

Wan Po-san & Timothy Wong Ka-ying Wong. 2005. *Social Conflicts in Hong Kong: 1996-2002*. Hong Kong: Hong Kong Institute of Asia-Pacific Studies, The Chinese University of Hong Kong.

Wang Yuhua & Carl Minzner. 2015. "The Rise of the Chinese Security State," *The China Quarterly*, 222, pp. 339-359.

Way, Lucan. 2015. *Pluralism by Default: Weak Autocrats and the Rise of Competitive Politics*. Baltimore: Johns Hopkins University Press.

Wilson, Andrew. 2005. *Virtual Politics: Faking Democracy in the Post-Soviet World*. New Haven: Yale University Press.

White, Stephen, Richard Rose & Ian McAllister. 1997. *How Russia Votes*. Chatham: Chatham House.

Wong, Matthew Y.H. 2015. "Party Models in a Hybrid Regime," *The China Review*, Vol. 15, No. 1, pp. 67-94.

Yew Chiew Ping & Kwong Kin-ming. 2014. "Hong Kong Identity on the Rise," *Asian Survey*, Vol. 54, No. 6, pp. 1088-1112.

Zakaria, Fareed. 2003. *The Future of Freedom: Illiberal Democracy at Home and Abroad*. New York: W.W. Norton.

Zakaria, Fareed. 2016. "Populism on the March: Why the West Is in Trouble," *Foreign Affairs*, Vol. 95, No. 6, pp. 9-15.

Zimmerman, William. 2014. Ruling *Russia: Authoritarianism from the Revolution to Putin*. Princeton: Princeton University Press.

中華人民共和國國務院新聞辦公室。2014。《"一國兩制"在香港特別行政區的實踐》。北京：人民出版社。

馬嶽。2016。"'部分選舉'的分化陷阱"，《明報》，2016 年 8 月 8 日，頁 A36。

胡錦光。1998。《中國憲法問題研究》。北京：新華出版社。

劉兆佳。2000。"行政主導的政治體制：設想與現實，"載於劉兆佳編，《香港 21 世紀藍圖》。香港：中文大學出版社，頁 1-36。

劉兆佳。2009。"回歸後香港的新政治遊戲規則與特區的管治，"《港澳研究》，總第 13 期，頁 1-35。

劉兆佳。2012。《回歸十五年以來香港特區管治及新政權建設》。香港：商務印書館。

劉兆佳。2013。《回歸後的香港政治》。香港：商務印書館。

劉兆佳。2014。《香港的獨特民主路》。香港：商務印書館。

劉兆佳。2015a。《"一國兩制"在香港的實踐》。香港：商務印書館。

劉兆佳。2015b。"政改爭論及兩種'"一國兩制"'理解的'對決'"，《港澳研究》，總第 7 期，頁 19-28。

劉兆佳。2015c。"中央對特區主要官員的實質任免權和監督權將成為新常態"，《港澳研究》，總第七期，頁 15-16。

劉兆佳。2015d。"香港反對派能否轉型為'忠誠的反對派'"，《紫荊》，第 300 期，頁 44-47。

劉兆佳。2016a。"香港政壇'中間路線'難走",《紫荊論壇》,第 27 期,頁 16-23。

劉兆佳。2016b。"中央與香港特區關係的磨合與發展",《港澳研究》,第 13 期,頁 3-13。